神とは何か 『24人の哲学者の書』

神とは何か

『24人の哲学者の書』

K・フラッシュ 著
中山 善樹 訳

知泉書館

Was ist Gott ?, Das Buch der 24 Philsophen,

by

Kurt Flasch

Verlag C.H. Beck, oHG München ©2011
All rights reserved
Japanese translation rights arranged with
Verlag C.H. Beck, oHG München
through Japan UNI Agency, Inc., Tokyo

はしがき

　私がここでドイツ語による最初の翻訳と説明を与えたテキスト『24人の哲学者の書』は，一般的に言えば，おそらくもっとも独創的なものであろう，たとえそれが中世の写本を収集しているときによく見られる狂気の産物と言わないまでも。テキストは過度なまでに独りよがりであり，思弁的神学の見本のようなものである。またそれは哲学と神学と自然科学の内部において今でも強力に生きているのだ。その際にそれは手短に，示唆的に，暗示的な仕方であり，思考を養ない，想像力を活気づけるのだ。しばらくの間，私は想像力に身を委ねる。私は時として学識ある訂正をなしたりすることに身を委ねるが，やがて我にかえる。

　東洋の宮殿はさまざまな庭や異形の装飾に色彩ゆたかに取り囲まれてアルハンブラのように細かな細工が施されている。私は想像するのだが，ここに住まうのはカリフであって，彼はサラディンのように教養豊かであり，好奇心旺盛であるが，金銭には，とりわけ時間には窮乏している。しかし彼は神とは何かを知ろうとするのだ。彼はそれには論争があり，それは時として共同生活を破壊するものであることを知っている。彼は国中の哲学者を一同に呼び集め，そのすべての者たちに彼が追求していることに答えるよう求めた。彼はそれらの哲学者たちと顔見知りであって，彼は知っていた，彼らが好んで多言を弄する者である

ことを。彼には統治の仕事が差し迫っていた。それゆえに彼は命じた。すべての哲学者が一文だけで答えるようにと。そのことは彼の書記が記している。

ほぼこのようにして『24人の哲学者の書』は成立するに至ったのであろう。それでは，それはアラビア世界に由来するのであろうか。それはアラビアを経由して古代ギリシアにいたる道をたどってきたのであろうか。いずれにしてもラテン西洋においては，およそ1200年ころにラテン語で書かれた24の神の定義が，少数の言葉で書かれた奇怪な感じがする注釈とともに読まれた。この注釈と定義を私はここで翻訳し，説明しようと思う。

私はその際，その由来については，多くの仮定をたてないようにしたい。私はそれらの内容，そこで考えられていたことを探求したい。それらのいわゆる「典拠」については，クレメンス・バオイムカー，ディートリッヒ・マーンケ，アレクサンドル・コイレ，フランソワーズ・ユルディ，パオロ・ルチェンティーニ，ゼノ・カルーザの研究が存在する[1]。テキストそのものが引用しているものはない。それゆえに，典拠への指示はすべて仮定に基づくものである。私はこれ以上この方面で議論しようとは思わない。私はそれらの指示をありがたく受け取るが，その内容を記述するにとどめたい。私が試みるのはすべての定義の思想を説明することなのだ。私は最初の二つの有名な格言で終わるようなことは避けたいのであって，その偉大な影響史について3回にわたって説明したい。いったいそれらの定

---

1) 書誌情報，参照.

はしがき

義は何を言っているのか。それらのテキストは統一的な構想を示しているのか，そうではないのか。

上にあげた専門家たち，とりわけディートリッヒ・マーンケとアレクサンドル・コイレは初期近世における宇宙論と学問史にたいする『24人の哲学者の書』の異常な影響を証明した。彼らは基礎哲学的問題を後回しにし，ほとんどかまったく注目しなかったのは，それが14世紀におけるこのような影響史において，そのさまざまな根拠と動機がそれの何十年にもわたる知的状況を適切な仕方で明らかにすることを絶望に落としいれるものであったということである。私はそのようなことをマイスター・エックハルトとトーマス・ブラッドワーダインにおいて探求したい。その後，私は論争的な研究史を一瞥し，そのことによって現代へ立ち返ることにしたい。最後に私は「中世における神」についての文化史的考察を行いたい。

『24人の哲学者の書』はヨーロッパ的神智学のもっとも美しく豊かな文書の一つである。それは初期近世の宇宙論に対して思弁的にして想像的に刺激を与えた。それは無限なるものについての思考を教え，無知こそ真の知であるとの洞察をなしたのだ。この小著はマイスター・エックハルト，クザーヌス，ブルノー，ライプニッツに影響を与えた。24の定義のうち二番目のものは，その中心が至る所にある無限の球の像を与える。この比喩はほとんど無限の由来を彷彿とさせる。それは新しい空間概念を与え，現代の文学，宇宙論，哲学への道を開いた。このような球でもってジョルジュ・ルイ・ボルジュやハリー・ムリッシュのような詩人哲学者は思索したのだ。

vii

神とは何か

　中世の何人かの著者たちは、『24人の哲学者の書』をヘルメスに帰していた。彼らはそのことによってこの書の信望を高め、奇妙な古い印象を固定させた。ヘルメスは並の三倍は偉大な者であるが、灰色の先史時代にあって最初の賢者だと見なされていた。言い伝えによれば、ヘルメスからモーセやプラトンはその智恵を受け取っていたとされている。彼は太古の人類史の代表者であった。その歴史は、アダムが神自身から受け取った智恵に遡るに違いないとされた。歴史的研究はこのヘルメスを脱神話化した。ヘルメス・トリスメギストゥスは文学的虚構であり、それを用いて後期古代のさまざまな新プラトン的テキストは神に近くある先史時代にさかのぼるというわけだ。現代の歴史家にとっては、この書はもはやヘルメス文書には属さないのだ。

　24人の哲学者が「神」を定義する。彼らは聖書の、あるいはコーランの研究者という意味では神学者ではない。彼らはいかなる権威にも依拠しないのだ。彼らの神概念はキリスト教的であろうか。テキストはギリシア語から翻訳されているのか。おそらく問題であるのは、12世紀後半に行われた、ギリシア的、アラビア的、キリスト教的定義の或る編集ではないのか。それらはお互いに関係しあっているのではないのか。きわめて学識あるフランスの編集者であるフランソワーズ・ユルディはこのテキストを2回編集したが、1997年にこの文書は3世紀のアレキサンドリアで成立したものであるとし、そのうちにアリストテレスの失われた書である『哲学について』の断片を認め

はしがき

た[2]。2009年に彼女はこの書をローマの修辞家であるマリウス・ヴィクトリヌスに帰した。彼は4世紀においてギリシアの手本、特にアリストテレスから、フィロン、プロティノス、ポリピュリオス、それに加えて旧約的な智恵の書からくみ取っていたが、それはすべて、アリウスの異端的とされた三位一体論を、純粋な哲学的議論によって克服するためであった。彼女はテキストの執筆年代を確定できると信じた。それは355年から358年に至るというものであった。これらは興味ぶかい仮定であるが、私にはテキストの性格からして決定できないように思われる。私がむしろ関わりたいのは、このテキストをマイスター・エックハルトに関する研究において発見したハィンリッヒ・デニフレが、正当にもこのテキストを「何も語らない断片」だと言っている問題なのだ。

翻訳は中世の「標準草稿」のラテン語テキストの校訂版『24人の哲学者の書』(Liber viginti quattor philosophorum) に従って行う。この書はフランソワーズ・ユルディが1997年に編纂したものであるが[3]、この書に私はマインツ市立図書館の写本 II 234 の発見によって寄与することができた。ここで問題になっているのは装飾写本でもなく、公式の大学テキストでもなく、何葉かの小さな羊皮紙からなるテキストであった。中世の読者はこれらの目立たない断

---

2) Francoise Hudry, Liber viginti quattuor philosophorum, in: Corpus Christianorum, Continuatio Mediaevalis 143 A, Turnhout 1997. 参照.

以後、略号 < h >. Francoise Hudry, Le Livre des vingt-quatre philosophes. Résurgence d'un texte du IVe siècle, Paris 2009. 参照. 以後、略号 < H >.

3) 注2 参照.

片を使って思考していたのだ。

　24 の格言の私の翻訳の最初の草稿は，いまだ古注は取り扱っていないのだが，1997 年のフランクフルター・アルゲマイネ・ツァイトゥングの聖霊降臨祭の号に載った。それは当時活発な反響を呼び起こした。その草稿は，ペーテル・スロテルディクをその「球」の論述において同伴者としていた。このテキストは，ウォルフガンク・リームにその同名の作品である『神とは何か』(Quid est Deus) に刺激を与えた。『24 人の哲学者の書』は現代にも影響を与えているのだ。

　マインツにて，2010 年の秋に

クルト・フラッシュ

目　次

はしがき……………………………………………………………ⅴ

Ⅰ　序　論──詩的にして理性的な神学………………… 3
　1　像，比喩 ……………………………………………… 3
　2　構　成 ………………………………………………… 5
　3　「哲学的戯曲」………………………………………… 7
　4　神すなわち全体的なものとしての生命…………… 8
　5　往相と還相 ……………………………………………13
　6　言語と認識 ……………………………………………16
　7　謎のような定義の利用法 ……………………………19

Ⅱ　『24人の哲学者の書』翻訳と説明……………………23
　「序言」……………………………………………………23
　「24の定義」………………………………………………24

Ⅲ　マイスター・エックハルトにおける『祝福の書』に
　　おける神智学……………………………………………93
　1　接触点 …………………………………………………93
　2　根，芽，花 ……………………………………………96
　3　超 - 存在としての神 …………………………………98
　4　理性 -「存在」より高度な視点 ……………………99

ⅹⅰ

5　自己関係−生命 …………………………………… 100
　6　無限性。最大と最小 ……………………………… 101
　7　生の教説 …………………………………………… 103
　8　エックハルト以後の時代，ベルトールト・フォン・モースブルク ……………………………………… 105

Ⅳ　定義Ⅱだけではなく，トマス・ブラッドワーダイン …………………………………………………… 113
　ふりかえって ………………………………………… 126

Ⅴ　さまざまな論争的解釈。研究史に寄せて ………… 133
　1　ハィンリッヒ・デニフレ ………………………… 133
　2　クレメンス・バオイムカー ……………………… 134
　3　ディートリッヒ・マーンケ ……………………… 136
　4　新しい主題。ヴェルナー・バイアーヴァルテス … 138
　5　フランスワーズ・ユルディ ……………………… 141
　6　パオロ・ルチェンティーニ ……………………… 144
　7　ペーテル・スロテルディク ……………………… 146

Ⅵ　「中世における神」── 一つの文化史的考察 …… 151

訳者あとがき …………………………………………… 159
書誌情報 ………………………………………………… 161
索　引 …………………………………………………… 167

定　義　一　覧

「定義1：神はモナドであり，そのモナドはモナドを生み出し，そのモナドを自分のうちへと反射する唯一の灼熱した息としてあるのである。」

「定義2：神は無限の球であり，その中心がどこにでもあり，その表面がどこにもない。」

「定義3：神は，神のうちにあるすべてのものにおいて全体的にある。」

「定義4：神は精神であり，それは言葉を生み，結合を保つのである。」

「定義5：神はそれを超えてより善いものが考えられないものである。」

「定義6：神とは，それとの関係においては，すべての存在が性質にすぎないものである。そしてすべての性質は無である。」

「定義7：神は根底のない根底，変化のない過程，目的のない目的である。」

「定義8：神とは，愛であり，われわれがそれを持てば持つほど，隠れてしまう愛である。」

「定義9：神は，時間に属するすべてのものがそれに対してのみ現前しているところのものである。」

「定義10：神は，その能力が計り知れず，その存在は何かに含まれておらず，その善存在は限定されていないとこ

ろのものである。」

「定義 11：神は存在の彼方にあり，豊かさそのもののうちにある唯一の者として，必然的にあり，かつ満足している。」

「定義 12：神は，その意志が被造的な力と智恵に等しいところのものである。」

「定義 13：神はそれ自体で活動的であるが，その際，自分を分割したり，何らかの性質を獲得したりすることはない。」

「定義 14：神は，無と反対のものであり，その中間に存在がある。」

「定義 15：神は生命であり，形へのその道は真理であり，一性へのその道は善存在である。」

「定義 16：神は唯一の存在であり，その優位性によって言葉によっては言い尽くしがたく，その精神存在は，非類似性のために認識しがたい。」

「定義 17：神はただただ自分自身についての概念であり，いかなる述語にも耐えられないのである。」

「定義 18：神はそのなかの点と同じくらい多くの表面を持つ球である。」

「定義 19：神はそれ自身不動にしていつも動くものである。」

「定義 20：神はその自己認識から生きている唯一の存在である。」

「定義 21：神は魂の闇であり，すべての光を拒絶するのである。」

「定義 22：神は次のようなものである。

定義一覧

そこから存在するすべてのものがあるものであり，その際，神は分割されることがない。

それによってすべてのものがあるものであり，その際，神は変化することがない。

そのうちにおいてすべてのものがあるものであり，その際，神はそれらと混合されることがない。」

「定義23：神は，精神が無知のうちでのみ知るものである。」

「定義24：神は，光であり，挫けることなく輝きとして，現れるのである。それは貫通する。しかし，事物のうちでは，それは神に似たものに過ぎない。」

神とは何か
―― 『24人の哲学者の書』 ――

I
序　論
―― 詩的にして理性的な神学 ――

1　像，比喩

　多分，将来はこれらの偉大ではあるが，小さなテキストを詩として読む読者も現れることだろう。テキストは語るのだ。それは異常な状況を設定するのだ。哲学者たちは直ちに議論することをやめ，結局のところ彼らは，神についてはいかなる共通の見解も有していないことを発見する。彼らは申し合わせたように，思考の間を取る。新たな出会いにおいて各々の哲学者は神とは何かについて，たった一つだけの命題で語ることになるのだ。この光景からしてすでに小説のように美しい。それに加えて二三の珍しい比喩が目にとまるが，それらは詩の真理の装飾部分である。すなわち「熱気」（Ⅰ），「球」（Ⅱ），「中心」（ⅡとⅩ），「球の中心に投獄された無」（XIV），「反射する光」（XXIV），「反射して倍になった光」（XXIV）という具合である。「弁明する」（se verbificare; IV）というような奇妙な表現と並んで，「道」（XV），「流れ」（ⅥとXXIII），「泉」（VIII），「限界」（ⅩとⅪ）といった単純な像も使われている。IVの注における「息」という語はキリスト教神学の聖霊の余

3

韻を聞くようである。これらの知識なくしては，その語は，「生命を送るもの」(vivificator, XXII) という語と同じく，孤立して読まれることになろう。定義と注は三位一体的神学の像を思い起こさせるものであるが，それ自身は三位一体論的教説へのいかなる依拠も語っていない。それは著者がそのような関係を避けているかのようだ。

　二三の比喩，特に球の比喩である表面や中心（II, XIV, XVIII における）あるいはまた他の比喩も，この書のいくつかの定義や注釈において繰り返し現れる。それらの比喩は読者の表象のうちでこの小著の個々の部分を結合し，統一的な雰囲気を作り出すのだ。無論それらの像は論証を担っているのではなく，想像的な導入を形成しているにすぎない。最初の定義であるIとIIにおいて，それらの像は強力に立ち現れてくる。定義と，定義に繰り返し現れる古注の著者は，強力な像でもって始めて，それを超えて，厳密に概念的にして抽象的な言い回しに変わっていく。このテキストは幻視やいかなる「スコラ学的」表現のない論議とは無縁なのだ。

　その光景は詩的に構成されており，哲学的に厳密な描写に導いていくのだ。幸福な比喩は，議論に「仕える」が，それを「導く」ことはしない。注の著者は可能な定義のリストを持っており，それらに個々の格言を割り当てて行く。彼にとって重要なのは，読者がそれらの格言を，その方法論的場にしたがって評価することである。それは緩い列の統一的概念に従っているように見える。私がまず想定するのは，一人の同じ無名の著者が，定義とこれらの注を書いたということである。あちこちに文体上の技巧が見ら

1　序　論

れるが，それは通常の言い回しを避け，厳密にして簡明な議論をなすためであった。著者は染みのない刺激を受け入れるが，何も引用していない。哲学者たちは2回目の会合で彼らが学んだことを語っていないが，神とは何かについては例外である。多様なそこで挙げられていない示唆を与える者は概念と格言の統一性を最初から排除することはしない。私はそのような統一性を探究したい。それはおそらく個々の哲学的断片以上のものを与えるであろう。

2　構　成

最初の定義は，自分自身を増加せしめる数の表象を呼び起こすものであり，第二の定義は，無限の球の表象を呼び起こすのだが，そのような光景の構成は目を引くものである。しかし，それらの定義はその表象内容をわれわれの目前において強調するものなのだ。それらの定義は古代哲学全体に共通な確信を前提にしており，精神的洞察（intellectus）と単なる表象すること（imaginatio）の間には，原理的な差異があることを認めていたのだ。

それに続いて，より広範な洞察を約束する定義が挙げられる。というのは，それらの定義は，いうところの本質形相，効果，目的に関わるからである。最後に一つの定義が来るが，それは本質を構成するように思われるが，しかしそれは「所与の本質を目指す」（ad essentiam data）ものである。無論すでに格言VIIにおいては，懐疑的な調子が鳴り響いていた。すなわちわれわれが神をいっそう愛するほど，神は隠れてしまうのだ。さらにXXIII命題の説明す

るところによれば，神についてのわれわれの知は無知なのだ。

　より鋭いことがある。哲学者たちは，確実なことを見いだすために，2回，会うことを約束した。彼らは結局のところ共同して確実な結果をおさめる。しかしそのことは重要ではない。結局のところそのような告知に対しては，いかなる共通な定義による決定もない。私の友人であるゼノ・カルーザは，「アーモンドの樹に花咲く梢のように」という詩的タイトルをもった一文のなかで，その編者には力が失せたと書いている[1]。このようにしてそれは理解可能になるが，私が考察せしめたいのは，多分その無名の著者は単なる編者ではなく，おそらく彼がそのような想像像を使うのは，彼の読者が定義の形式を超える，或る思考を習得するためではなかったか。彼は24の定義をもたらしたが，終わりのほうになって初めて，はたして定義が神への問いにとって適切な形式であるかを探求する。しかし結局のところ格言 XVI, XVII, XXIII においてすべての定義を無に帰するのだ。24命題は暗闇から来て，暗闇に去る。結局のところすべての哲学者が言わざるをえないのは，いわゆる学校的な定義は何も与えないということなのだ。そのような定義が何かを与えることができたというのか。無限の球の像が開示するのは，思考の修練のためのあらかじめの材料として役立ち，結論へと導くということである。すなわち，ここでは私は暗闇のなかにいる（Hic mihi tenebrae sunt）と。神はすべての光を退けている

---

1) Kaluza, Comme une branche, S. 101.

(XXI) 魂のなかにある闇なのだ。

3 「哲学的戯曲」

　『24人の哲学者の書』の著者（ないしは、それの最後の編者）は彼の哲学を厳密に秩序だって述べなかった。さもなければ、彼は定義VIIIとXを、IVのすぐ後ろに配置することはなかったであろう。彼は「知ある無知」の定義番号XXIIIとXVI, XVII, XXIを一緒に置いているのだ。球の比喩のすべての通路は命題IIに属しているのである。著者が別の基準を持っていたことは明らかである。著者は「哲学的戯曲」を書いたのだろうか。たとえ著者がその都度、定義が従っている視点を打ち出しているにせよ、彼はその際、或る種の遊戯を許容しているのだ。このことは語っているテキストの魅力を高めている。24人の思索者たちはがっしりと秩序づけられて全体の歩調に合わせているわけではないのだ。それらはその登場する順番において或る種の自由さを許容している。このことはこの書が深遠な格言の集合体であって、その下に共通の哲学的概念などないのだという見解に優利に働くだろう。この印象は何回も正確な分析なしに表明されてきた。私はテキストを通覧するときにこの印象も吟味したい。

　ここで私は暫定的な作業仮説を提案したい。この書は一つの明快な理論的立場を有している、それは三つの主要な内容において明らかになっている。一つには、神の概念においてであり、二つには、世界への神の関係の把握においてであり、三つには、人間の認識哲学においてである。わ

れわれは論理的関係に対する要求をあまり高く評価しないだろう。過去において経験的な，それどころか経験論的な傾向を形而上学と結びつけようとする偉大な哲学者が繰り返し存在してきた。プラトンとアリストテレスとストアの教説を結合しようとする人も少なからずいた。

4 神すなわち全体的なものとしての生命

神は 24 の仕方で定義され，最後には定義されえないものとして認識されるのだ。非認識性への指摘はこの書の最後のほうで増える。すなわち，定義 XVI, XVII, XXI, XXIII によって。

この書の神は総じて無限の一性であり，それはそれ自身のうちで動いているのである。それは生み出すモナドなのだ。その統一性が生み出すことは，むしろ生物学的出来事としての自己確認なのだ。その本質は内的な運動である。永遠の瞬間におけるその休むことのない活動が排除するのは，この神が一つの孤立した数学的量，孤立して留まるモナドになることである。神は純粋存在の岩などではないのだ。神は自己と万物を思索している。テキストの元の表現を使えば，神は生じるものの総体性なのだ（totalitas successivorum, IX）。神は自分自身を自分のうちに複写しており，その結果として神においては，その一性，二性，三性を同時に語ることができる。しかしこれらの三つの数は再び取り消される。それらは一性と真性と善性の合一として解釈されるのだ。この三様性は生命の運動を意味しており，それは自分自身のうちで外側に行ったり，自分に

I　序　　論

回帰したりしている。往相と還相（procesus と conversio）という新プラトン的図式は，われわれのテキストにおいては二重に使われている。それはすべてを包括する一性を特徴づけると同時に人間の魂の運動を表しているのだ(VII)。

　われわれはさしあたり神性のもとに留まろう。神性は超存在（superesse, XI）として特徴づけられている。それは存在の総体であり，同時にすべての存在を超えている（ipsa simul ubique tota ens, etiam similiter super et extra, III）。神的一性が存在と非存在の差異に先立っていることを，プラトンは「国家」（509b）において善のイデアに帰属せしめた。そのことは次の根拠から容易に見て取ることができる。われわれが思考する非存在者もまた統一的規定を受ける。一性は存在と非存在の二者択一の両方の側において見られる。一性の最終根底はこれら両者の根底でなくてはならない。このような考察は実体の概念を変えるのだ。実体は思考の最終的なよりどころではなくなるのだ。実体は存在の静的な塊としてわれわれの眼前にあるのではないのだ。実体はさまざまな性質の基礎であるが，その下には無がある。このことは実体に客観的に属することである。そのことは，われわれの側から実体に付け加えることではない。存在とはまた制限されてあること（clausio）を意味する。(Omne esse clausionem dicit, X)。もしすべての存在が排除を意味するならば，無限性は存在として構想されえなくなる。ないしは，神の存在だけが限界をもたないということは，まるで逆説的言明のように言われるのみである。われわれの書は繰り返して言う。存在は限界づけられていることなのだから，一性は超存在（superesse）なの

だ（Esse omne clausionem dicit, Superest qui non clauditur, XI）。このような思想はさまざまな言い回しにおいて劇的に比喩的な表現を見いだす。すなわち，無はすべてを包括する球の中心に投げ入れられている（XIV）。無は実体に疎遠なものとして，実体の根底に横たわっている（VI）。神の超存在は無の対立項をなしており，その中間に存在があるのだ（XIV）。

　一性はすべての限界を拒絶する。それはまったき生命（vita tota, VIII）なのだ。球の言葉遊び，すなわちその中心が至る所にあり，非常に多くの表面線を点のようにもっている（IIとXVIII）球は，われわれの表象力（imaginatio），その思考を超えている。神の一性は無限の活動性であり，それは不断の働き（operatio）なのだ。それはさまざまなモナドを生み出し，それらのモナドは隠喩的に「第二のもの」と呼ぶことができるのだが，愛の熱によって原モナドとの不断の結合のうちにあるのだ。このような力動性は被造的一性にとってと同様，原一性に特徴的なものである。第一の一性の活動のみが無限の活動性なのだ。それは何ものによっても妨げられることはなく，それに対抗するいかなる悪魔もなく，その光によってすべてのものをくまなく照らし出しているのだ。それは消耗することはない。それは休息することができるいかなる蔭も求めやしない（VIII）。それは考えることのできる最上のものであり（V），一性であって，真理と善存在を結合したものなのだ。それにはいかなる前後もなく，いかなる内的な差異（XVII）もない。

　この書の哲学的神論は三位一体哲学である。このことが

I 序　論

この書全体を貫いており，その概念的統一性を確立している。神は「三様の本質性」(triformis essentia, XXII) なのだ。その三つの要素は完全に同等であり，そのうちには力，智恵，意志が相互に同等にある (XII)。しかし生むこと（数えること）と生まれることと回帰熱のあいだには一つの順番がある。それは精神であり，自分自身を思考することによって自分自身のうちで生きている (XX)。それは言葉として生み，愛として自分自身に帰ってくる (III), アウグスティヌスの精神 (mens) の理論だと見なすことができよう。総じて言えば，その三が一なのだ。それらは決して相互に従属しているのではなく，ただそれらの三性を思考において堅持することが困難なのだ。それらは「ペルソナ」と言うことは決してできない。その概念は非階級的なのだ。ロゴスの最高の一性への従属，したがってアリウス主義のいかなる残滓も退けられている，たとえ新約聖書がそれを示唆することがあったとしても。しかし，新約聖書はここではまったく問われていない。ここでは，哲学者たちは世界の最終根底について語っており，4世紀以来，形成されてきたような三一性についての，キリスト教的教説の哲学的改変を企てているのだ。われわれの書は，神のうちには三つのペルソナがあるというような表現を拒絶するのだ。最後にアウグスティヌスが言ったのは，この連関において「ペルソナ」なる言葉が何を意味するのかは彼にはわからないということである。三という数が前面に出てくる。モナドは自分自身を数のように数え上げる (se numerose multiplicat, I)。しかし数え上げうることは，人間の認識の「表象」段階に属しており，克服されるべきこ

11

となのだ。著者はさまざまに言い回しを変える。それらは一部にはアウグスティヌスから，一部には12世紀の神学から借りてこられたものなのだ。それらが言うことには，モナドは同時に精神，語られた言葉であり，その永久の結合なのだ（IV）。それは根源，出現，目的にして終末なのだ（VII）。それは力，存在，善性なのだ（X）。それは同時に一性，真性，善性なのだ（XV）。これらの伝統的な三要素は三つの数的に異なったペルソナの表象を最初に生じせしめるのではない。ニコラウス・クザーヌスが主張するところによれば，彼はアウグスティヌスにおいて，或る箇所を見いだしたが，それは，もしあなたが数え始めるならば，あなたは誤りかけているのだと警告するものであった[2]。しかしこの箇所はアウグスティヌスの作品には見出されえない。クザーヌスにあっては，ちょうど24人の哲学者におけるように，一性が支配的であるが，しかしそれは無限に活動的な活ける一性であって，あらゆる他性を拒絶するようなものである。原一性は精神にして活動性である。それは数的な仕方では数え上げることはできない（I）。それは永遠の働きであり，「三位一体論的」に呼んではならないものであって，それというのも無限の球においては，外は内であり，内は外であるからである。それは生むのであり，それは自分自身を言葉にするのであり，それは生むものと言葉を結合するのである（IV）。それは能力，存在，善性の一性である（X）。意志と力と智恵の一性な

---

[2] Nikolau von Kues, Apologia doctae ignorantiae, Opera Omnia II, hrsg. v. R. Klibansky, Leipzig 1932, S. 24, 8-10.

のだ (XII)。それは力，洞察，愛であり，それは一性，真性，善性である。それは最高度に生命なのだ (XX)。その上に，三位一体の定式はそれを超えている。すなわち，無限の一性は生命なのだ。無限と考えられているのは，そのうちには，父も子も存在しないからだ[3]。その著者が抱いているのは，生命という的確な概念なのだ。彼は他のテーマはこれほどしばしば持ち出すことはしない。というのは，生命は一性の活動形式であるからである。すなわち，それが一性的になればなるほど，それだけそれは生命的になり，それだけ活動的になる (V)。一性はそれ自身において生命的にあるので，それは動かずしてすべてのものを動かすのだ (XIX)。神性は自己認識であり，歓びにして最高の生命であること (XVII)，またそれは第一動者としてすべてのものを動かずして基礎づけていること，このことはアリストテレスの『形而上学』12巻に述べられている。

5　往相と還相

神と世界はここでは並立しているのではない。神は世界を自分自身からではなく，創造によって造り出したのだ。というのは，無限の球にとってはいかなる外部も存在しないからだ。被造的事物にとっては，その由来が無であることが正視されよう。そのことはそれらにおける限界として

---

3) Nickolaus von Kues, Apologia doctae ignorantiae, S. 32-S.33.

認識可能なことである。しかもすべてのものは独自の生命であり、しかもそれについて言われることは、それはその本質の真性を喜んでおり、この歓びはその生命であることなのだ（V）。すべてのものがモナドであり、すべてのものが原モナドの活動的自然なのだ。その生命はその活動によって可能的なものを、その中心から持ってくる。そしてそれを現実的なものにするのだ。被造的なものの存在のみが限界づけられており、無に隣接している。その限界は抵抗に出会い、外部の限界に打ち当たって、それは消耗する。被造物は休養するための蔭を探さなければならない。地上の事物、一般にさまざまな被造物は、生けるものの諸段階として描写されるのだが（XX）、それらには星を動かしている知性実体も属する。しかしながら天使はテキスト全体を見ても現れない。とはいっても、それは神性の海のなかで溺れているわけではない。しかしそれらは後ろを振り向くわけではない。それらは帰還するのだ。それらはその際、高揚を経験する。とはいっても、神はそれらにとってはますます隠れたものになってしまう（VIII）。「還相」のみがここでは重要なのだ。それらは今や、それらがたとえどこにあったとしても、それらはより思考的になり、より激烈になるのだ。

　神は光なのだ。太陽光が光の明るさと光の輝きに分かれてしまうようには、この光は分解しない。それはすべてのものを透過するのだ。光が屈折することは地上的な二次的現象である。神的光はそのようなことには関係しない。それはすべてのもののうちで変わることなく、一様に光っているのだ。

I 序　論

　原モナドの世界への関係は世界の創造に根ざしている。神とは，この書では「創造者」(creator, XIII) であり，世界は被造物 (creatura, VIII, XII) である。著者は創造 (creatio)，したがって無からの創造という概念をいつでも使えたが，その代わりに，次のような独創的な書き換えをしている。すなわち，神は球の中心の牢獄から，無を，ないしは単なる可能的なものを，現実的な或るものへと変えたのだ (XIV)。創造することは，抽象的な空虚に考えられた神性の働きではなく，三様の本質性の無への自己適用なのだ。根底は生むものとして事物の存在を基礎づけているのだ。生まれたものとしての根底は，自身の規範に対応するような固有の刻印されたものとしての定有のうちで，それらの事物の存在を保つようにする。生命を与えるものとしての根底は，それらの事物の存在に自己維持の原動力を与えるのだ (XXI)。三一性は，世界事物において，定有へのそれらの措定として，一つの本質のうちにおける本質理念の現在として，自己主張の生命力として示されるのだ。さまざまな被造的事物は，その真性を有しており，それらはそのことを歓んでいる (V)。このことはそれらの生命である。しかし，それらの存在は限定されており，無がそれらに隣接しているのだ。それらは活動的な生命の中心であるが，それらは限界に触れており，抵抗に打ち当たる。他方，神の存在はその無限の豊かな内容との静かな関わりにおいて，遂行されるのだ。物体的な生けるものとしては，それらは疎遠なものを必要とする。それらはそれを自分自身のものに変え，原一性である限りにおいてそれを模倣する (XX)。しかしそれらの活動性は有限なものであ

り，数え上げることのできるものなのだ。無限の目標設定はそれらには不可能なものであり，それは停止せざるをえない。それらは中心であり，活けるモナドなのだ。しかしその中心から外的行為への道は有限的なのだ。それらの事物は制限を受けて働き，その際，それらは偶然にさらされている。他方，神はその行為においては無限であり，純粋に必然的なのだ（X）。神は無に対立しているが，それ自身の存在とそれ自身の真性を持った，神によって基礎づけられた本質に対してはそうではない。それらの生命は明るく歓び（gaudium）であるが，その有限性おいては，それはまた無的なのだ。それはその自己維持にむけて働かなくてはならないのだ。それらは努力する。それらは生命に適したさまざまな性質を獲得する。しかしそれらはその持続を確保できない。それらは抵抗に出会い，疲れ果ててしまうのだ（fatigatio scindit vim, XIII）。

著者は驚嘆と関心の混じった目で見ており，地上の事物をほとんど細やかに配慮している。それらは小さなモナドであり，たえず外側にむかってその中心から汲み取っている。しかしその活動はその目的を，わずかに時間的な仕方で制限されて達成することができるにすぎないのだ。それらを妨げているのは悪魔ではなく，それらの限界なのだ。

6 言語と認識

この書は小著であり，原モナドの定義に集中しているが，それにもかかわらず定義 XVI, XVII, XXI, XXIII において人間の言語と認識の哲学について素描している。

Ⅰ　序　　論

　人間の魂はその認識作業においては，外部のものから始めなければならない。それは認識生命においては，他の疎遠なものを必要とするのだ。しかし認識はそれをただたんに模倣するだけではない。それは他のものにおいて休らっているのではない。そうではなくそれは知覚されたものを考えられたものと対決させるのだ。それは受け取ったものを，魂のうちにあるその原像と比較するのだ。それは世界を判定するのだ。しかし，どこから魂は原像を有しているのか。著者は厳格に答える。すなわち，いずれにせよ，魂のうちには神のいかなる本質もないと。神は魂によって，最初に知られたものとして，いつもすでに認識されているということではない。魂を超えるものについては，それはさしあたり何も知らないのだ。魂が原像を知るのは，それを通して第一の根底からして定有になったものについてのみであり，それはXXIIIの暗い定式が言うとおりである。魂が知っている一軒の家は考察されることができる。というのは，魂はそれを造ったからだ。「真なるものと造られたものは置換することができる」(Verum et factum convertuntur)。そしてこのことはヴィーコとともにそう言うことができる。魂は多くの事物について後から感覚像を獲得する。それゆえに，魂は或る意味ですべての事物であると言われるのだ（XXI）。このような感覚像とその原像との判断的な比較は「照らしだし」と呼ばれることができよう。ただ魂だけがこの光のうちで第一の根底を見るのではない。この光によって魂はさまざまな世界事物から一つの概念を造り出すことができるのだ。これこそまさに24人の哲学者が行っていることなのだ。魂は感覚像を

産み出すが，それを後から思考することによって破棄してしまう。この第二の様相においては，魂は否定的であり，遠ざけておくのだ（abnegando et removendo omnes rerum species, XXI）。

おそらくこの問いにおいては，この書の位置はかならずしもまったく明らかにはならないであろう。定義XXIIIの注釈がこのことを詳述している。魂はそれを超え出ているもののいかなる知も持たない。したがってまた，第一の根底については何も知らない。しかし，もし魂が他のすべての事物の知を得るならば，それは無へのその対立を思考することによって，諸事物からその第一の根底を獲得する。しかしその時でも，魂は第一の根底が何であるかということについては知りえない。ただそれが何でないかを知るのみなのだ。この知は実のところ無知なのだ（XXIII）。その結果は明らかであり，われわれは神とは何かということを知ってはいないのだ。それは不明確であり続けるだろう。純粋な否定神学の他に，諸事物からする肯定的な神認識あるのだろうか。それは結局のところ無知に他ならないのではないか。これが終局であることは断固として言われている。魂がこの思考作業の後で，自分自身へ帰るならば，闇は深くなるのだ。それは無限の光に耐えられないのだ。もしそれが自分自身に返るならば，それは，私は闇のなかにいると言う（Hic mihi tenebrae sunt, XXI）。われわれのテキストは闇に陥ることを自白している。神学的に規定された文明においては，そのような自白は脅迫的に響くかも知れない。例えば，次のような神の定義である。

神は魂のうちで，すべての光の背後に留まっている闇な

のだ。

　著者はこの結果を彼の言語の研究に負っている。それは原モナドの研究にとってはふさわしくないかも知れない。というのは、すべての陳述（praedicatio）は多性をもたらすからである。というのは、その課題は一つの事柄のうちにある多様な規定性（rationes）を表現にもたらすことであるからだ。ところが、神の単一性は神自身についての多様な規定性を排除するのだ。言語は生成しつつある複雑な諸対象には適しているが、その単一で永遠な自己関係（XXI）における原モナドには適していない。陳述はそれが結合する前に、解体するのだ。神においては、解体することのできるいかなる多性も存在しない。

7　謎のような定義の利用法

　われわれのテキストは宝石なのだ。すでに中世の書き手が、それの題名を謎のような定義と書いている。その広く枝をはった根は深く過去にまで遡る。成立場所や著者は分からない。中世においては、著者はしばしばヘルメス・トリスメギストゥス、並の三倍も偉大なる者に帰せられていた。そのことによって最も早い時期の先史時代、世界の創造に近い時期に遡るとされたのだ。エムペドクレスや他の古代の哲学者らも著者とされた。いずれにしても、それはキリスト教の神学者ではなく、古代の思索者であったに相違ない。それは個々の賢者に帰されるのではなく、24人のそれらに帰せられるのであって、それはたとえ虚構としても考慮に値する多数主義なのだ。おそらくキリスト教的

環境で育った著者はそれらから，洗礼を授けられていない理性の証を取り去ることだろう。何故に。それらは自分自身の力で真理に近づいたのではなかったか。個々のことについては，私は後ほど個々の格言の分析の際に述べることにしたい。ここで私は予め仮定的に三つの主要な点を挙げたい。それらは何世紀にもわたって，『24人の哲学者の書』から取られてきたものだとされ，その書に当時は現代性を与えてきたものなのだ。

　第一に，このような文学的虚構にしたがって，24人の異教の哲学者たちが証言しているところによれば，彼らは啓示なしに，神とは三一的な生命の全体性だと考えたところにある。彼らは超自然的な信仰によるのではなく，「単なる理性によって」，三一性，すなわちキリスト教信仰のこの主要な内容を思索しながら把握したのだ。このことは，キリスト教信仰の内容に関わるすべてのその他の自律的な哲学的作業を正当化した。これらの24人の哲学者のうちに誰一人として，哲学的理性よりもより高度な認識源泉があるとは思いつかなかった。しかし，少なくとも彼らのうちの一人が，われわれはさらにまた，コーランないしは聖書を有していると言えたかも知れない。しかしこのような方向での言葉はどこにもない。われわれのテキストは虚構的に閉じられた哲学的文化の内部で動いているのだ。それはその自律性を見出しているのだ。

　第二に，『24人の哲学者の書』は神の無限性についての，たしかに神学的ではないにしても哲学的な教説を与える。

I 序　論

それは無限性一般について思索することを推奨する[4]。無限性は神の多くの述語の一つとして主張され、何事もなかったかのように先に進むといったことは許されない。

確かに神を無限的と言うことはこの書の新しさではない。トマス・アクィナスの神は、それ自身における実体的存在として無限的なのだ。トマスはさらに先に進み、すべての古代の哲学者たち（omnes antiqui philosophi）は第一原理を無限的と見なしていたと主張した（Summa theologiae I 7,1）。無限と「不完全」を等値する時代もあったが、必ずしもいつもそうであったわけではない。トマスは、神は偏在している（Sth I 8）ことをことさらに教えた。しかし、24人の思索者の第二の定義は、無限性をことさら強調しておきながら、神は世界を「自分自身から」造ったという表象を打ち砕くのだ。

第三に、古代の哲学者たち、おそらくすでに「パルメニデス」におけるプラトン、いずれにしてもプロティノスとプロクロス、さらにまたディオニシウス・アレオパギタは、「否定神学」を発展させた。彼らは神に肯定的述語が置かれるということに反対した。しかしまた、否定神学を拒否し、それを首尾一貫して用いることに反対し、したがってそれを制限しようとする神学的な動機もあった。このような傾向に反対しようとする人は、24人の哲学者の書を権威として持ち出すことができたのだ。13世紀から15世紀に至るまで、当時の神学者たちに示すことができたのは、どれほど高くまで古代の思索者たちは自然理性に

---

4) Enders, Zum Begriff der Unendlichkeit, 参照.

よって到達したのかということであった。これらのことを見出した，純粋理性の立役者たちは，神の無限性についてその認識不可能性を認識していたばかりか，彼らの神はどれほど包括的なものであったかということについても認識していたのだ。これらの異教徒たちの三一性の教えを参照するだけで，自然と超自然，知と信仰，哲学と神学というトマス的な境界線を引き裂いてしまうのだ。

II
『24人の哲学者の書』翻訳と説明

「序　言」

「24人の哲学者がかつて集まった。その際，彼らには一つの問いが課せられていた。それは神とは何かという問いであった。

　そこで彼らは共同して審議することにし，その事柄を深く考え，もう一度集まるために日程を定めることにした。その後，各人は神についての自分の説明を提示しなければならなかった。しかもそれは定義の形でなされなくてはならなかった，それはさまざまな定義から，神について何かより確実なことを伝え，一般の賛同を得るためであった。」

序言は私が「はしがき」で少し触れておいたアルハンブラの夢を否認している。24人の哲学者はサラディンなど必要なかったのだ。彼らはコロッキウムを自分たち自身で民主的に組織したのだ。どのような町に24人の哲学者はいたのかという問いは余計なことだ。序言は詩であり，調書ではない。とにかく序言が確言しているところによる

と，神とは何かということを神学者に聞いても無駄というものだ。私は東洋の根源の表象にまで遡った。というのは，西洋の支配者には，神とは何かという問いにおいて，神学者を無視することは危険なことであったからだ。1486年になってもまだ，領主ピコの主宰する比較哲学的会議を，ローマ教皇庁は禁止した。ここでは，虚構的な純粋に哲学的な会議が問題になったのだ。

哲学者たちは，直ちに答えを知っているわけではない。彼らは学習したことを講演するわけではない。彼らは，新しい個人的な定義を得るために締め切りの延期と反省時間を熱望した。テキストの著者は，個々の思索者が包括的にして，とりわけ或る種の統一的定義を提唱できるとは思ってもいなかった。これは，後に見出されるのであり，議論して，別れた後に得られるはずであった。目標は，何か確実なことを神について言うことができることだったのだ。不確実なことは飽きるほど聞いていたのだ。しかし最終的な一致や確実性は，われわれのテキストは何も言っていない。われわれの著者はそれを24の意見表明に負っている。読者は自ら探求しなければならないのだ。

「24の定義」

「Ⅰ　定義：神はモナドであり，そのモナドはモナドを生み出し，そのモナドを自分のうちへと反射する唯一の灼熱した息としてあるのである。」

「注釈。　この定義は，第一の根底の表象にもとづい

II 『24人の哲学者の書』翻訳と説明

て生じている。それによれば，これは，数的に自分自身のうちへと増加し，多数化するのである。増加するものとして捉えられるならば，それは一性である。多数化するものとして捉えられるならば，それは二性と呼ばれる。反射してくるものとして捉えられるならば，それは三性としてある。数においては，こんな具合になっている。すべての一性はそれ特有の数規定を持つ。そしてそれは，自分をすべての他のものから，区別する何かに関係するかぎりにおいてである。」

　神は一なるものであり，それは一性を生み出し，この一性を自分に関係づけるものなのだ。一なるものに対して，中世において流布していたテキスト，或る意味でその「標準形」は，ギリシア語の monas を用いている。しかしこの語はこのテキストがギリシア由来のものであることを意味しない。この表現はすでに9世紀においてラテン西洋に出現する。例えば，エリウゲナにおいて見られ，初期のアンセルムスにおいても，そうである。

　この格言は二つの方向に解釈できる。神は一者であり，それは一性的世界（Uni-versum）を生み出し，これを自分にむけて動き返すと言っているのだろう。すなわち，世界は原一性から生じ，灼熱のような愛（ardor）でその根源に帰って行くのだ。そうすれば，命題は一者からの出現とそれへのコスモスの回帰に関係することになる。Ardor を私は「灼熱した息」と訳したが，またこうも言える。輝き，例えば，星の輝きのように。そうすれば，reflectans は文字どおりにとることができる。そのとき，命題は「宇

宙論的」解釈を許すものとなる。すなわち，神は一なるものであり，それは一性としてのコスモスを生み出したのであり，その結果，神はエーテルの輝きのなかで自分にむけて照り返すのだ。このテキストの魅力は，文字どおりの意味と像的な意味の間を漂っていることにある。テキストは愛の灼熱とエーテルの輝きの間をさまざまに行き来しているように思われる。

しかしながら，世界や星や地上的な輝きについては話題になっていない。それゆえに，第二の解釈を選ぶべきだろう。

教会的な三位一体哲学で重要なのは，神すなわちモナドは，それが生むことは数のうちに存立しているので，さらなるモナド，ロゴスを生み出す。「生み出す」（gignere）という語は，三位一体論では，常套文句であるが，それは三位一体論に限られない。神はロゴスを通して，唯一の愛の息によって，自分に返って来るのだ。

神の生み出すことは自分を数え挙げることなのだ。その際生じる，多性と相違性は把握の課題だ。私は三という数のうちで一という数を再び見出す。というのは，三もまた一性だから。神はそうすれば，ロゴスを生むことと自己回帰の三一的運動になるだろう。

しかる後に，定義と注釈によれば，哲学者が，異教徒が三位一体を哲学的に認識したのだ。彼は教義学的に裁可された表現を用いたわけではなかった。彼は三つのペルソナについて，父と子と聖霊については語らない。彼はその上，「言」という語は避ける。これは古代哲学に由来し，ヨハネ福音書の冒頭にあるのだ。それからキリスト教

II 『24人の哲学者の書』翻訳と説明

的著作者が12世紀の後半頃に，古代哲学者が三位一体を表現した不確かな仕方を模倣したのだ。彼はおそらく不幸であったろう。なぜなら，彼は踏襲してきた教義学的表現である「三」と「ペルソナ」を使わざるを得なかったのだから。アウグスティヌスは認めている。彼は，この関連で「ペルソナ」という語が何を意味するか分からなかったと。神性の内部で「三」という数は何を意味するのか。いかにして数規定は神的な一性に適合するのだろうか。クザーヌスは主張している。彼はアウグスティヌスのなかに命題を見出したが，それは「もし君が数えることを始めたなら，君は神について語っていない」というものであった[1]。この引用はアウグスティヌスにはない。しかし問題は残る。われわれの著者にとって重要だったのは，彼が，三性を人間の把握の側の出来事として捉えているということなのだ。われわれは神を，増加する者を一性として考え，増加させられた者としては，われわれは神を，二性と呼ぶ。著者は「三つのペルソナ」について語ることを避けている。ボエティウスはかつて，「ペルソナ」は「理性的本性の実体」と説明しているではないか。それでは，神のうちに三つの実体があるのか。実体とは存在のことではないのか。そうすれば，神性のうちには，三重の意識を持った三つの存在があることになろう。どこに神性の一性はあることになるのか。テキストは三位一体神学を，否定神学と適合できる形に改変しているのだ。これはこの書全体が依拠しているものなのだ。それゆえに，テキストは，「父」と「子」

---

1) 注2，参照

27

という生物学的関係に少しも言及しないのだ。そして生む者が生むことを，数えることと解釈するのだ。それによって多様なもののうちに一性が認識できるようになるのだ。このようにして，エリウゲナが唯一の理性的なものに対して説明しているところによると，一は二のうちに，三のうちにある。しかしモナドは回帰する息であって，もしそれが三つの個別的存在のうちに陥るならば，最高の一性ではなくなると。

このテキストについて，ゼノ・カルーザが注意していることだが，この書は9世紀以降に成立したに相違ないということだ。それにはユルディに反対して証明しようという目論見もあった。エリウゲナのテキストは三つの理由から，ここからして相応しいものである。第一に，彼は最高の一性をモナスと呼んでいることである[2]。第二に，最高の一性には，さまざまな規定（rationes）が含まれていることである。第三に，二とか三とか，その他の数規定は，一の変容として考察されねばならないということである。

格言Iの三位一体哲学的解釈は宇宙論的解釈よりも分かりやすいものである。哲学者たちは，コスモスではなく，神を問うつもりだったのである。これに続くテーゼにおいては，神の生命運動の三のリズムをもたらしているのだ（例えば，定義 IV, VII, X, XII）。これは，12世紀の三位一体哲学的関心に合致していた。例えば，アンセルムス，アベラール，シャルトルのティエーリ，リールのアラーヌスな

---

2) Johannes Eriugena, Periphyseon V 881 D, hrsg. v. E. Jeanneau, Corpus Christianorum. Continuatio Medievalis 165, Band V, Turnhout 2003, S. 318,.

どがその例である。トマスは，彼らとは対象的に，いかなる三位一体哲学も認めなかった。理性のそのような要求は信仰の尊厳を損なうと考えたのだ。自然的な神認識は可視的な世界から出発しなければならないと考えた。その世界を神はその一性的本質に基づいて造った。それゆえに，トマスによれば，神性における個々のペルソナは，哲学的には認識不可能なのだ。こうしてトマスは，後に教会会議で，影響力甚大な断罪を，そのような試みに対してすることになった[3]。それゆえに，トマスは24人の哲学者の第一定義を「宇宙論的に」解釈した。それは子の生まれることと聖霊の発出に関係するのではなく，世界の出現に関係するものとなった。勿論，アンセルムスと12世紀の二三の神学者は，三位一体を「哲学的に」証明する意図を持っていた。そのような傾向に合致するのは，われわれのテキストが，第一の神の定義より直ちに，モナドの三様のリズムを，生むことと回帰することとして解釈していることである。しかしながら，その著者は，「三つの」ペルソナにおける「一なる」神という教会的な定式を徹底的に避けたのだ。それはやっかいな仕事だった。そのようなことは決して副業的に，あるいは無意識に行われるものではなかった。それは知ろうとする人に官製の言い回しを避けるように促すものであった。

「II　定義：神は無限の球であり，その中心がどこにでもあり，その表面がどこにもない。」

---

3) Flasch, Meister Eckhart. Philosoph des Christentums, S. 43-46, 参照.

「注釈。　この定義は第一の根底を，中心として考えている。それが現象する円はすべての場所を超えて上部にある。それゆえに，その中心は至るところにある。それというのも，その円は普通の延長を持たないからである。もしこの球の表面について問うならば，それは高く無限のもののうちにある。というのは，すべての無限の球であるものは，創造主が最初からそうであるように，延長を持たないからである。このようにしてその限界はどこにもない。こうして格言の意味は明らかになる。」

24人の哲学者のうち第2番目の人が語るのは，提起される神の定義のうちでは最も有名なものである。それは輝かしい影響史を持っている。ディートリッヒ・マーンケは最初にそれについて触れている。アレクサンドル・コイレはそれをさらに追求した。それはエックハルトからクザーヌスとブルノーを経て，ジョルジュ・ルイ・ボルジュに至るまで，その精神を動かしてきた。

著者は，幾何学的な像である球の中心をわれわれに対して立て，それを無限にまで拡張する。そうすると，それについての表象力は否まれることになる。その中心が至るところにある球とは何か。それはもはや球ではなく，純粋の無限性そのものだ。「球」という語は，さしあたっては，可感的な像を呼び起こす。ここでは，それが無限性についての哲学的思索で打ち壊されてしまうのだ。

唯一にして完全な球としてのコスモスは，ギリシア世界の高度に発展した文明においては，大胆な構想だった。そ

II 『24人の哲学者の書』翻訳と説明

れは経験に対して、ほとんど幾何学的とも言える枠組みを与え、或る一定の信頼性と理性性と生動性を確保した。パルメニデスは存在を有限な球と考えた[4]。たしかに無限性の思想は、古代にとってそれほど疎遠なものではなかった。しかしそれは無限な球を構成する契機にまで発展することはなかった。勿論、キケロの報告によれば、哲学者メリソッスは世界を無限なものと考えた[5]。キケロが『共和国について』において、コスモスを球として、世界を器のシステムとして描いている。すなわち、9個の円が、むしろ相互に入り組んだ球が、すべての事物を相互に結合しているという具合である。そして至高の神が、包括する球のように、それらを自分のうちに保持しているわけだ[6]。オリゲネスは八つの惑星天と一つの恒星天を想定した。さらに彼が考えるのは、それを超えて一番外側に星のない球がないかということであった。この考えにはプトレマイオスが刺激を与えたのだが、そこから中世の宇宙論者たちが「第一可動天」(primum mobile) を展開したのだった[7]。

24人の思索者の第二のテーゼは、閉じられた宇宙球という丸い表象を破壊するのだ。それの表面は無限にまで伸びるのだ。それは表象可能であることを止めてしまう。人がそのうちで自己喪失に陥る無限な空間に対する驚きが、

---

[4] Parmenides, Fragmente der Vorsokratiker 28 B 1, 28..

[5] Cicero, Lucullus c. 37, 118, hrsg. von O. Plasberg, Leipzig 1922, S. 86..

[6] Cicero, De re publica, Somnium Scipionis VI 17, hrsg. von K. Ziegler, Berlin, 1988, S. 130.

[7] Origenes, De principiis II 3, 6, hrsg. von H. Görgemanns und H. Karp, Darmstadt 1976, S. 318-320.

驚異なのではない。無限な球が神性そのものなのだ。それは無限の場所可能性を与える。もし命題XVIIIも付加するならば，格言IIは混沌とした，像の解消をもたらす。それは無限にまで伸びる特有の表面線をすべての点に対して与えるのだ。

　ラテン西洋において，12世紀以来起こった哲学的な像の嵐がどのような機能を持つかということを再構成してみることも可能だろう。11世紀以来，無限なものを思考上も実際上も避け，有限なものに限定して自己を保ち，この有限なものを類と種に，実体と付帯性に区分するという，制度上ないし哲学的神学的傾向が強まったのだ。このようにして教会政治上かつ教会法上，支配することが可能になった。2番目のテーゼはここにおいて明らかな反対を示している。クザーヌスのような注意深い読者がそれに関して示している洞察によれば，純粋の無限性のうちには，父，子，聖霊といったものは存在しえないし，規定することのできない神性があるのみであり，それは無知を通して知られるのみだった[8]。クザーヌスは，このテーゼを宇宙にも適用した。それは徹頭徹尾アリストテレス的世界だった。それは小さくはないが，どこまでも有限なものだった。全一性としての神の外には何ものも存在しないし，コスモスの無限性はブルーノに対する審理の主要点だった。彼は12世紀の理念のために火刑に付されたのではない。彼が火刑に付されたのは，彼がテーゼを提起したためであり，そのテーゼを，彼は24人の哲学者の書なしに，しか

---

8) 序論注2.

II 『24人の哲学者の書』翻訳と説明

もクザーヌスによる宇宙へのその応用も知らないで,それほど明確に展開できなかったことによる。

もし24人の哲学者の2番目の人に,無限の球のうちなる人間に対して,どのような地位を認めるかと問うならば,彼は次のように答えるだろう。人間はそのうちで,定有へと呼ばれており,それを通してその本性において刻印され,強められており,そのうちにおいて洞察へと,それとの結合へと導かれているのだと。このことは,被造物についてのさらなる諸定義の経過のうちで言われている。命題VIIIに対する注釈は,人間の無限なものへの結合と愛について語っているが,格言IIは人間には言及していない。それどころか,それは神の球の無限性を人間の魂へ移すことさえしていない。『哲学歴史事典』第9巻1377欄が伝えるところによると,エックハルトは宇宙球の無限性を個人の無限性へ移すために,テーゼIIを攻撃したということである。『第一創世記註解』から,これに関して引用されているテキストによれば,このことは当たらないのだ[9]。もしテキストがこの見解を含んでいるにしても,そのことは十分理性的かどうかが問われるだろう。

エックハルトは有限な空間の表象の解消に際しては,他の問題を抱えていた。彼は骨折って,通俗的表象を訂正しなければならなかった。例えばこうである。われわれは「上方に」ある事物を探し求めなければならないと説かれる。われわれはどこに探し求めるべきなのか。どこでキリ

---

9) すべてのEckhartの引用は,下記による。Meister Eckhart, Die deutschen und lateinischen Werke,. Hrsg von A. Zimmermann, L. Sturlese, J. Quint und G. Steer, Stuttgart 1936 ff.

ストは父の右手に座っているのか。どこに彼は座っているのか。エックハルトによれば，彼は「どこにも座っていない。彼をどこかに探し求める人はけっして彼を見出さないだろう。」[10]

　もう一度，最初の二つの命題に帰ってみよう。一性はもう一つの一性を生むと言われている。創造については，話題になっていない。原一性は自分自身に関係する。それに特徴的なことは，自己関係と無限性である。命題IIの注釈が明らかにしているのは，われわれはこの無限性を表面が自分のうちに帰って行くこととして理解してはならない。それは円の表象の哲学的な破壊なのだ。この無限の球には中心などないのだ。すべての点が中心なのだ。というのは，テーゼXVIIIが補足しているように，すべてのこれらの点が自分のまわりに，無限の球を張り巡らしているのだ。すべての点が同等の権利を持つのだ。神は中心ではなく，無限に多くの点の総体性なのだ。そして神は分割できないので，すべての個々の点において全体としてある。これらの点である人ないしものは，ここでは開かれているのである。それは魂だろうか。それとも知性か。それともモナドないしは知性実体か。それらは地平を持たない。むしろそれらは，同一のものへ帰る「無限の」地平を持つのである。それに近づいたり，神により近くあると言えるようないかなる中心ももはやない。コスモスの器システムは話題にもなっていない。最初の二つの命題は，宇宙論のことを言っているのではなく，存在論ないしは哲学的神学な

---

10) Meister Eckhart, Predigt 35 DW II, S. 179.

II 『24人の哲学者の書』翻訳と説明

のだ。それらは，従来の有限な，慣れ親しんだ，測られた世界を無限にまで押し広げるのだ。それらは，世界を神の無限性にまで広げるのだ。命題VIは，この思想を厳格なまでに押し進める。樹や人間のように，従来実体と見なされていた存在も，この無限性のただの現象にすぎなくなる。それらは自分のうちに持っていた実体的な支えを失ってしまう。それらは，神性の無限の海のなかを漂う何かにすぎなくなってしまうのだ。「唯一の」実体のみが存在するのだ。スピノザの名を比較として挙げることに危惧されるかも知れない。しかしそれには，テキストがあまりにも短すぎるだろう。いずれにしても，命題I, IIとVI, それに加えてXVIIIは齟齬を来しているだろう。それらは何世紀にもわたる像の備蓄を打ち壊してしまう。それらは親しみを破壊してしまう。人はその親しみのうちで長い間，下部には，有限的世界があり，上部には，無限の神がいますことを知っていると信じてきたのだった。二元性は解消されたのだ。階層秩序のかわりに，境界のない一性のみが無限に多くの中心とともに存在しているのだ。そしてそれらの中心は，その都度，生産的に無限の球をもたらすのだ。

　命題I, II, VI, XVIIIは神について語っている。それらは，哲学的神学と新プラトン主義的に構築された三位一体論を素描している。すべての救済神学的契機は欠けている。キリストについて，十字架の死について，いわんや教会については，まったく話題になっていない。I, II, VI, VIII, XXI, XXIIIに対する注釈は，神を第一原因，第一の根底，最高の原因と呼んでいる。しかしこれは必ずしも神の名で

はない。ゼノ・カルーザによれば、これはアラビア哲学から、特にアヴィケンナから来ており、世界の河（fluxus）の根源と言われている[11]。

ダンテの『神曲』において、地球は万有の中心をなしおり、地球の中心には、永遠の氷に閉じ込められて、サタンが潜んでいる。この書の著者に次のように尋ねる必要があろう。君のシステムのうちには、もはや地獄は存在しないのか。もし地獄があるならば、君の神もまた、地獄にいることになろうと。われわれのテキストは、神を、キリスト教的救済史なしに定義できると考えているようだ。われわれのテキストをより学校的な環境で、いわんやエックハルトの断罪によって震撼させられていた環境で押し進めていこうとする人は、この問いに対する沈黙がわかるであろう、すくなくとも、ほとんどその責を攻めるわけにはいかないだろう。ベルトールト・フォン・モースブルクはこの目的のために、一つの区別に依拠する。それはディートリッヒ・フォン・フライベルクがアウグスティヌスに対する注から展開したものだった。すなわち、ベルトールトによれば、このテキストは、自然を制御するかぎりでの神の予知について語っているのであって、超自然的に精神を導くかぎりでの予知について語っているのではないと。重要なのは、自然的摂理の秩序であって、固有意志的な摂理の秩序ではないと[12]。そのことによって再び二階層性が導入

---

11) Kaluza, Comme une branche, S.118.

12) Berthold von Moosburg, Expositio super Elementationem theologicam Procli, tit, I VI 1, hrsg. von K. Flasch und L. Sturlese, Hamburg 1984, S. 46..

II 『24人の哲学者の書』翻訳と説明

されているのであって，それは無限な球の像を根本から破壊してしまうのだ。ダンテは，プトレマイオス的器システムを神的一性と結合しようとした。それは，彼がいわゆる「浄化天」(caelum empyreum) を，1241年の教義決定の後にも，10番目の物体的な世界の器として定義し[13]，それを包括的で愛すべき精神の生命として解釈することによって可能になった。すなわち，ダンテによれば，「純粋の光，知性的な光は愛に満ちている。それは歓びに満ちて，愛から真の神に至る。その歓びはすべての楽しみを超えている。」

ダンテは，神と至福者たちの楽園を非物体化した。彼はそれらをプトレマイオス的な器システムから取り出した，パリの神学者たちはそれらをその内部に閉じ込めておきたかったのだけれども[14]。

「III 定義：神は，神のうちにあるすべてのものにおいて全体的にある。」

「注釈。　この定義は，神性の存在の単純性に注目して言われている。

　神性に対して抵抗するものは何もないのだから，神性は至るところに全体として同時的にある。神性はすべての場所の上部にも外部にもある。神性は分割され

---

13) Entscheidung vom 13. Januar 1241, hrsg. von H. Denifle und Chatelain, Chartularium Universitatis Parisiensis, Band I, Paris 1899, Nr.128, S.171.

14) Lucentini, II liber viginti quattuor philosophorum.

ることはない。何となれば，神性には，内部の力において欠けるものはないからである。また神性は，他の存在の支配によって制限されることはない。」

　24のテーゼの一つがそれに先行するテーゼから導出可能かどうかについては，慎重な読者なら予め決めてかかってはならない。われわれの小著は分散する内容を含んでいることもあるのだ。いずれにしても，クレメンス・バオイムカーのような識者が言っていることだが，さまざまな定義が異質な由来と分散する思想方向を持っていることもあるのだ。テキストの理論的統一を主張する人は，このことを証明しなくてはならない。このことはしかし，第三番目の定義では可能のように思われる。しかし，それと第二の定義との関連は定まっていない。格言IIIは，神性の無限性と単純性から帰結する。神性はすべてのものを一様に満たすのだ。神性にとって内も外もない。われわれがいるところで，われわれは中心にいるのだ。そこから帰結することは，神性は分割されることはないばかりか，失われることもない。神性は下部にある領域に現前したからといって，減少することもない。

　神においては，神と神に属するものとの間でいかなる対立もない。全体と部分の二元性もないのだ。神はいかなる部分も持たず，しかもすべてであるものなのだ。その命題は完成された空間分割の表象を呼び起こすが，そのような表象は「神」には当てはまらない。神はすべてのものに現前し，しかも最高に単純なものである。そこから生じることは，神は分割できないことだ。神を持つ人は，神を全体

として持つ。そしてすべてのあるものは，神を持つのだ。

そこから，さまざまな帰結が得られる。まず一つには，階層の，上から下までの宇宙の段階の表象は攻撃されないが，無限の一性のなかで解消してしまう。この一性は，分割不可能だから，最も下部の段階においても全体的にあるのだ。われわれのテキストは，階層など必要ないとは言っていない。しかしそれは階層を相対化するのだ。階層はある程度，仮象の側に押しやられてしまう。原モナドは，上部にあるものによってわれわれに伝えられるのではない。それは自分自身を伝達するのだ。それは伝達そのものだ。それはいつもすでに存在しており，しかも全体として存在しているのだ。

ここでは，否定神学の役割が先鋭化されている。否定神学は，われわれは神性について何も知らないという見解と混同されてはならない。テキストによれば，われわれは神性の存在について何か，その単純性を知っている。われわれは，神性が端的に単純であることを知っている。無論，単純性というのは，否定的規定である。その単純性の上に，第三の定義は依拠している。それは，「神」はそのすべての契機において，分割できないとのみ言う。このことは，広範囲に及ぶ，内容的によく規定された結果を生み出す。それは，宇宙論的，社会的，教会的階層を相対化するのだ。

テキストが理解せしめるのは，「単純性」という概念には，さまざまな錯綜した事態があることなのだ。無限の神性の何らかの内的な分節化が，テキストによれば，存在するように思われる。さもなければ，神性の「部分」ないし

は内的なリズムの表象は現れることはなかっただろう。この表象は克服されるために呼び起こされているのだ。

　神的一性は，内容豊かな，いわば「満たされたもの」であり，しかし同質的な，至るところに同時的にある全体存在であり，それゆえにすべての存在者を超えているもの（super et extra）として考えられよう。

　24 の格言の全体について判断を下すのは，まだ時期尚早だろう。しかし命題 I, II, III は明らかに論理的関連を示している。それらは同質的な仕方で，哲学的神学と新プラトン主義的に構築された三位一体論を素描しているのだ。[15]

　古注は，本質的な追加をしている。それによると，この定義は神性の存在について，その単純性について思索することによって与えられているのだ。それから古注がテーゼ II をさらに徹底させて確言するのは，神性は至るところで全体としてあることだ。神性は全体的存在であり，まさにそれゆえに，すべての存在を超えて，外側にあるのだ。神の全体性は「超えて」と「外側」なのだ。われわれが神性は存在を超えていると考えたとき，そのすべてを包括する存在を考えているのだ。神性について定義 XX が言うように，それは「存在をも超えている」のだ。神性について二つのことを考えなければならないのは，神性はあるということと，神性は限界と非存在を含んでいる存在を超えていることなのだ。

　注釈は，神性の自律性について強いアクセントを置く。

15）　H S.91.

II 『24人の哲学者の書』翻訳と説明

自己を浸透せしめる，その内的な力はけっして否まれることはなく，神性を減少せしめることのできる疎遠なものの作用は排除されており，それゆえに，神性は神性に属するすべてのものを自分自身を通して規定しているのだ。

「IV　定義：神は精神であり，それは言葉を生み，結合を保つのである。」

「注釈。　この定義は，神性に特徴的な生命を言い表しており，しかもその都度，さまざまなその本質側面に応じて言い表しているのである。

　というのは，生む者としては，それは生むことによって自分を数え挙げ，生まれるべき者としては，それは自分を言葉にし，それというのも，それは生まれるからである。それと本質を同じくして，神性は自己を息とすることによって結合を保つのである。」

神は精神であり，自分を言い表し，その言い表された者とともに本質的な結合のうちにある。

再び驚かされるのは，この命題において見られる，神性の認識に対する確信である。哲学者が知っているように，神性は生命であり，その単純性にもかかわらず，彼が知っている神性の本質は，さまざまな側面と活動性を持っていることなのだ。中世の注釈がその最も古い形態において言っているように，第四番目の定義は神的存在のさまざまな「本質側面」（rationes）に依拠している。Rationes は多くのことを意味することができる。本質根拠，視点，論

41

拠，契機など[16]。無限の球は側面など持たないにもかかわらず，私は「本質側面」と訳しておいた。私がそのことで確言したかったのは，テキストは，把握することを強調することが示唆するかも知れない主観的区分のことを単に言っているのではないということなのだ。テキストは無限の一性の三一的な生命のリズムのことを言っているのだ。テキストによれば，神は精神であり，言葉（logos）をもたらす。これはヨハネ福音書の冒頭を踏襲した，古代哲学である。それは二つの要素，精神と語り，ないし言葉を持っている。多分，人は oratio を「語り」ないしは「言葉」と訳すことだろう。著者は神学的な専門用語である「言」を避けている。

さしあたり「精神」を検討しよう。著者は，ないしは古い読者はそのことによって何を考えることができただろうか。かりに彼はアリストテレスを読んでいたと仮定すると，彼らは考えるだろう。

神は知であり，自分自身についての知であり，したがって自分自身のうちへと回帰する知である。

神は生命であり，それというのも神は自分のことを考えながら，自分自身から自分自身のうちへと回帰する知である。

神は自分自身を観相する。神はこの自己観相のうちで生きている。神はその知的生命において至福である。

「言葉」（verbum）という表現は，古代と中世においては，logos に対して用いられた。しかし著者は，「語り」

---

16) 注 2.

II 『24人の哲学者の書』翻訳と説明

(oratio) をより好む。その理由は多分，この語はさまざまな世界内容の結合された多様性を示唆するからだ。しかし oratio は普通ではない。ロレンツオ・ヴァラでさえ，15世紀に困難を覚えた。だから，彼は verbum を避けて，そのかわりに，ヨハネ福音書の冒頭を訳するにあたっては，sermo と言っている。

格言IV は中世においては，異様な感じを与えた。キリスト教的中世的著者は一人もこのテーゼを引用しなかったように見える。その際，このテーゼは文字どうりの三位一体論の哲学的書き換えを含んでいるように思えた。このテーゼは，神性の本質についてそれは「言葉」になったと言うことによって，通常の「標準把握」に近づくのだ。

第四の定義の言うところによれば，神は自分と世界を「語り」のうちで語り出す。神は自分から出て行くが，帰路はいつも与えられている。第一の一性は自分を数え挙げる。そしてそれは，二性に移行する。それは言葉になり，それは理想的構造の宇宙を自分のうちに受け入れるが，その際，われわれのように，けっして自己関係を失うことはない。神は相互理解的な語りのうちで自分から出て行き，いつもすでに自分のうちへと帰っていくところのものなのだ。神性は生む者と生まれる者を自分のうちで結合する。神性はこの結合そのものなのだ。

これは三位一体哲学であるが，再び，古代の概念が基礎になっている。キリスト教に特有の言葉，例えば，「言」という表現さえ，避けられている。第三の要素，帰路の第三の要素は，continuatio であり，見慣れぬ表現になっている。しかしこれは後代の追加かも知れない。それは

43

spirandoという語でもって聖霊のキリスト教的書き換えである「息」を示唆している。

　神は精神であることは，アリストテレスの『霊魂論』第3巻にも，『形而上学』第12巻にも出てくる。神が語りを生じせしめることは，新プラトン主義的である。第三の要素，おそらく世界霊魂は根源への帰路を示しており，プラトン的にして新プラトン主義的であり，古代では広く広まっていた。もしこの三位一体論がキリスト教徒によって定式化されたなら，彼は，古代の言い回しのうちで動いていることになる。そうならば，彼は神学者たちに言うだろう。君たちが啓示として信じているものは，哲学者たちは予め知っていたし，言い表してもいた。哲学者たちは神を，自分を数え挙げる生む者として，理解していたし，君たちはそれに対して「父」と言い，自分をその生まれた者のうちで言葉にするものとしては，君たちは「子」と言い，また永続的な結合性としては，君たちは聖霊と呼ぶのだ。

　「V　定義：神はそれを超えてより善いものが考えられないものである。」

　「注釈。この定義は目的に注目して言われている。
　　というのは，一性は目的にして完全性だからである。目的の一性は善である。一なるものになればなるほど，ますます善いものになる。
　　すべての存在の真性についての歓びは，その生命であるが，すべての生命は一性から来るのであり，そし

II 『24人の哲学者の書』翻訳と説明

て一性は内的な非分割性から発現するのである。一つの存在が一なるものになればなるほど，それだけそれは生きることになる。それらの一性はまさに至高のものである。」

表面のない球はその完全性においても無限なものである。もし或る人がよりいっそう完全な何かを考えるならば，まさにこの考えられたものが神性なのだ。すべての所与の表象を超える思索の先把握は，この神の定義のなかにふくまれている。

注釈によれば，一性とは，いかなる抽象的な総括ではなく，完全性にして生命である。一性は善性であり，何かが，外部の組織によるのではなく，内的な非分割性によって，より一性的になればなるほど，それだけそれは，生きることになる。最も分割されていないがゆえに，最も生命的なものは，格言IIIによれば，最も完全なものなのだ。

被造物はこの完全性に与る。その生命は，その存在の真性の歓びなのだ。基礎になっているのは，ここでは，生命の概念なのだ。それは自分自身への内的な集中であり，高揚された一性であり，自分の存在がその真性を持つことへの歓びなのだ。一性の形式としての生命性という思想は，この書全体の同質性の一つの契機になっている[17]。

定義Vと注釈の間には，次のような関連がある。第五の格言が説明しているところによると，いかに神の完全存在は，考えられるべきかということであり，神は終局目的

---

17) h S. 7,4 など参照.

であり，したがってすべての欲求の考えられうる最高の目的かということであり，つまりは，神はすべての先把握を超えているということである。神は，神よりもより善いものを考え出そうとするすべての提起を超えているのだ。「神」をそれ以上により善いものは考えられないものとする定式は長い歴史を持っている。その定式はそれ以上のことを言っている。所与の神の概念よりも何かより完全なものが考えられるならば，まさにこのより完全なものが真の神であり，理性に適った神なのだ。

これはその『プロスロギオン』におけるアンセルムスの有名な神の証明の出発点である。アンセルムスが依拠するのは，もし神が単に「最も完全な存在」として定義されるならば，彼の議論は機能しないのであって，われわれは神をそれ以上に完全なものは考えられない存在として規定するときにのみ，それは機能するということである。そのようなときにのみ，理性の先把握は，もっぱらその存在にふさわしく，ともに考えられるのである。そのような存在のみが思索に対して，不可避的なのだ。つまり，そのような存在のみが現実に存在せずにはいられないのだ。そのような存在のみが必然性をもって現実に存在するのであり，その結果，それがないことは考えることすらできないのだ。

われわれのテキストは，その著者がアンセルムスの『プロスロギオン』を読んだということを証さない。この定式が使われていることは，この書が1077年以降に書かれたということの証明にはならない。それはアンセルムスがベックにおいて『プロスロギオン』を書いた年であった。というのは，アンセルムスが「神とはそれ以上に大なるも

のが考えられないもの」という定式を見出したのは，セネカの『自然問題』においてであったからである。セネカからわれわれの著者は，その定式を見出したのである。私はこの著がアンセルムス以前に書かれたと言っているのではない。アンセルムスの出発点となった定式ははるか以前のものなのだ。

　命題Vの注釈はアンセルムスとはまったく異なる通路を取る。それは神の証明を与えはしないで，一性と完全性と自分の存在，自分の生命についての歓びの関連を説明するのだ。

この関連を理解し，これまでの定義の構成要素を保つことには，アリストテレスの『形而上学』の第12巻，特にその第7章が役に立つ。著者が，ないしは編集者がこの書を読んだかどうかということは，ここでは決定できない。その哲学的神学の要素は，直接的な仕方で，ギリシア世界において，またアラビア世界とラテン世界において広く流布した。すなわち，定義I, IIによれば，神はすべてを包括する一性そのものなのだ。神は精神なのだ。このことは命題IVが言っている。精神はアリストテレスによれば，本質的な活動性であり，自分と真性との思索なのだ。精神は活動性にして生命そのものなのだ。それは真性における生命であり。それは歓びにして欲求なのだ。それは至福なる自己所有なのだ。

　このような基礎に基づいて，新プラトン主義的思索者，プロティノス，ポリピュリオス，部分的には，アウグス

47

ティヌスはさらに考えを進める[18]。一性は自分をロゴスのうちで言い表す。一性はそれと意識することもなく、いつもすでに自分のうちに帰って行く。このことを、格言IVは、生むことの一性として、定義Iにおける数え挙げることと同様に、堅持する。それは、自分を根底に置くことにして絶えざる両者の結合に他ならない。精神、世界観入、自己所有の至高の一性よりも完全なものは、考えることができないのだ。そしてそれが神なのだ。

注釈は、彼岸の神性を孤立して語っているのではない。それは一般的な形而上学的洞察を行っているのだ。すべての存在はその存在の真性を歓んでいるのだ。この歓びはその生命なのだ。この歓びは内的な、理念によって刻印された一性から発現してくる。その歓びはけっして孤立して表象された神性の特権ではない。それは全体的なものを貫いているのだ。一性の、したがってまた生命の段階があるのだ。それは段階のない、非分割的な無限の一性の内部での出来事だ。

注釈によると、この神の定義は、終局と目的に注目したとき、生じるのだ。一性そのものが目的なのだ。一性は自分のうちに目的を持っているのだ。そしてすべての存在はこの自己目的性に与るのだ。

「Ⅵ　定義：神とは、それとの関係においては、すべての存在が性質にすぎないものである。そしてすべての性質は無である。」

---

18)　H S. 158-159

II 『24人の哲学者の書』翻訳と説明

「注釈。　この定義は関係の視点で見ている。

相対的性質の基体は，それに固有の実体であるが，その実体は，他の実体とともにある。実体が消えれば，性質もまた過ぎ去るのであり，したがってそれに固有の働きもなくなる。

しかし第一の根底との関係においては，すべての存在は性質であり，性質は無である。実体の根底には，それと異質のものとして，無が伏在している。神的存在は，流れ行くことのないそれに固有の実体である。」

アリストテレスを学んだ読者ならここで，一息つぐだろう。そして1800年頃までは，すべてのヨーロッパの教養人がそうだったのだ。彼はなじみの一対の概念に出会う。それは実体と付帯性である。実体は現にいるこの人間であり，付帯性は彼の色，ないしは彼の大きさである。樹も動物も同様に実体であり，すべての実体は多くの性質を持っている。それは10の大項目ないしカテゴリーに区分される。このことは，古代から学校で教わることだった。このような思考様態は経験から出発するのだ。このことはすべての人が了解していたことだった。世界のシステムは多くの実体と多くの性質から成り立っていた。実体は留まるもの，担うもの，現実の存在である。それらは原実体の究極の物差しによって測られている。その原実体に，すべての実体はその性質とともに依拠しているのだ。

しかしながら，われわれの定義によれば，われわれは，関係のカテゴリーを理解していなくてはならない。相対的なものは，疎遠なものに付随しているものである。もしこ

の疎遠なものが消えるならば，それに関係する存在存立もまた消えてしまう。相対的な性質においては，君たちはこの消滅に慣れていなくてはならないが，実体においてはそうではないのだ。しかし神的一性の光において見るならば，実体には無が付随しているのだ。これは神秘的な詮索ではなく，単純な洞察なのだ。例えば，馬は樹では「ない」。すべてのあるものは，他のものを排除する。それはそれ自身一つの他のものなのだ。

この排除は見たところ，確定している実体における無の現前なのだ。君たちが実体と見なしているものは，決して真の実体ではないのだ。それはそれ自身のうちに，内在的な排除，したがって無を持っているのだ。無限の一性においては，無は，したがってまた無によって表される実体は消滅する。これはその単なる性質と同様に，第一の一性に依拠している。それゆえに，一性はその物体的な基体ではありえないのだ。一性は唯一の永続するもの，担う者，基礎となるものなのだ。多様な存在があるのではなく，唯一の存在があるのみである。君たちが物差しとして承認している性質は，第一の一性との関係においては，純粋の無なのだ。

神を思索することは，すなわち物体と性質との通常の階層を投げ捨てることである。性質を持つものは，他の存在との結合のうちにある。その性質は，これとともに生じ，疎遠なものとして規定されている。それは子の父に対する関係のようである。

実体もまた相対的なものなのだ。それは疎遠な無をそれ自身のうちに含んでおり，これとともに消えてしまう。第

II 『24人の哲学者の書』翻訳と説明

一のものは，自分自身のみを数え挙げ，どのような疎遠な規定も知らないが，それこそ神である。

　神は唯一の存在なのだ。神は多様なもののうちで現象するのだ。君たちは，この現象を実体と呼んでいるが，それは存在ではなく，存在における過ぎ行く現象なのだ。神こそ，唯一の実体なのだ。

　「実体には，疎遠なものがその無として根底にある」という命題は，注釈の哲学的確信を含んでいるのだ。しかしその命題は最も古い写本には欠けている。最も古い写本が最良のものとは限らない。そしてこのことが，なにゆえ中世において流布しているテキストを使って，最古の写本に依拠しないかということの理由の一つなのだ。

「Ⅶ　定義：神は根底のない根底，変化のない過程，目的のない目的である。」

「注釈。この定義は特有の存在に基づいて生じている。
　生む者は，生まれた存在に基づいて，「第一の生む者」という規定を得る。しかしこれは，それ以前に何かがあるという意味ではない。勿論，生まれる者は，目的に注目して生むことに基づいて，生じてくるのである。しかしそれはいかなる変化も被らない。それというのも，それは媒介する者だからである。
　定義は言う。その名に値する生む者と生まれる者の目的は同一である。というのは，神的な生命は，その唯一の媒介する者とともに，唯一の生命だからである。目的はそれである。しかし他のものとしてではな

51

い。それというのも，他のものは，変化における休息のように，行為によって達成されなくてはならないからである。」

　再び，三一的規定が行われている。神は始まりとして，根底のない根底である。中間としての神は，変化なしに自分から出て行くことであり，終局としての神は終局がない。

　生む者は原則である。それは第一の者として，生まれる者を保つが，自分自身はいかなる原則でもない。

　生まれる者は生む者の目的として生じる。この「目的のない目的」は，生む者と生まれる者の間の共通の自然の持つ，いつもすでに達成されている現実性のうちで存立しているのであって，その外部においてではない。その結果，目的は改めて獲得されなくてはならない。目的（finis）とは，ここでは行為の目的という意味ではない。というのは，それは改めて「現実化」されなくてはならないからだ。ここで言う目的は，いつもすでに達成されている自己目的のことなのだ。

　神は単に世界過程における一つの様相ではない。神は全体なのだ。

　このテーゼは，二つの突端を持つ。一つは，神を根底存在ないしは目的存在として矮小化し，この意味で「彼岸」に追いやるという傾向に抗してである。神はすべてのものにおけるすべてであるのだ。神は中間であるとともに終局なのだ。それは神が始まりであるのと同様なのだ。

　第二の突端は，世間的な規定における素朴な語りに向け

II 『24人の哲学者の書』翻訳と説明

られている。「根底」ないしは「目的」という語も，強化され，純化され，否定されなくてはならない。根底のない根底とは，他の意味では，すべての内世界的根底としての根底ということなのだ。もはやいかなる目的も持たない目的とは，目的がその規定を自分のうちで現実化するように，目的という規定を破棄してしまう。無限の一性の行為は，その目的をいつもすでに達成している。目的は改めて生成されるまでもない。目的は「ある」のだ。

　重要なのは，媒介の規定である。つまり，媒介としての，出現としての神は物体的変化を被らない。神は過程のうちで自分を失うといったことはない。

　定義は，世界過程のことを言っているとは言わない。またそれは，キリスト教的三位一体のことを言っているとも言わない。キリスト者はそれを三一性に関係づけてきた。子の根底はいかなる根底でもない。父は子ないし verbum を生むが，それは何かを達成するためではない。このものは，出現するが，それは存在の変化を伴うものではない。それは目的への自己回帰なのだ。その目的はその他の諸目的の場合のように，それを改めて現実化する，ないしは達成する必要はないのだ。それは内在的神学なのだ。第7番目の哲学者は，その定義によって宇宙論ないしは三位一体に固執する必要性はないのだ。幾多の中世の注釈者は，この点に不安を感じて，ここに明確に三位一体を再発見することに自分の課題を見出していた。われわれはこのようなことを心配しない。われわれはテキストが語っていないことはそのままにしておこう。われわれはテキストが語っていることだけを明らかにしよう。テキストは神的なも

53

のは，生命であると語っている。定義Ⅴの注釈において，「生命」のテーマが重要だったように，ⅩⅤとⅩⅨにおいても同様である。定義Ⅴの注釈によれば，すべての存在は，何かしら神的な自己目的のようなものを持っているのだ。生きるために生きること，外的な目的なしに行為すること，これこそが本来的に「生命」なのだ。このような目的から自由なことは，分離された，彼岸的な神的実体の特権ではないのだ。

「Ⅷ　定義：神とは，愛であり，われわれがそれを持てば持つほど，隠れてしまう愛である。」

「注釈。　この定義は働きに注目して言われている。
　第一の根底においては，そこからその生命が出てくるものは，そこからすべての生命が出てくるものと同一である。それゆえに，第一の根底そのものは，愛の源泉である。
　もし被造的存在が，まったく生む者と生まれる者の一性に傾くならば，もしそれが，帰って行くという仕方でその根底に回帰するならば，このことは被造物の真の愛である。というのは，子の目的に向けて，神は被造物を秩序づけているからである。君がその目的と一体化するほど，君は高く上げられ，それだけ神は崇高なものになる。
　そしてこれこそが，神が隠れてあることである。」

神は愛であり，すべての愛の源泉である。神は生命の全

II 『24人の哲学者の書』翻訳と説明

体であり，神はすべての生命である。被造物の愛は，愛の源泉へのその回帰である。被造物が愛を獲得すればするほど，愛は隠れてしまうのだ。神は所有したくてもできないものなのだ。

　この「神は隠れてしまう」という言句は，最古の写本とその注釈も支持するものだが，すでに中世の読者には躓きとなったものである。二三の写字生は，それに「神は気に入った」という言句を補った。そうすることによって，彼らの神との関係がより好ましいものになると考えたのだ。ところでエックハルトもまた「気に入った」と読んでいる。しかし，「隠れてしまう」ほうが，より相応しいのだ。もしわれわれの眼差しと思索が向けられている個々の実体が，したがってこの人間とか，この樹が実際は自存しておらず，原存在の性質に過ぎないならば，全体を見渡すことは不可能になる。それというのも，神は究めがたい意志を持っているからではなく，神が唯一の存在だからである。この存在の海のなかでは，われわれが明瞭な認識を構築できるだけのいかなる梁も存在しないのだ。それゆえに，第八の定義の「隠れてしまう」という言句を「神は身を引く」と訳さなかったのだ。神はむしろ隠れてしまうのだ。われわれが，神のほうへ向けば向くほど，したがって出現とわれわれへの回帰という世界法則を遂行するほど，またわれわれが神について思索するほど，それだけいっそう神はわれわれから隠れてしまうのであり，それも遠くにいる世界皇帝としてではなく，また知られざる意志のエネルギーとしてでもなく，愛の唯一性として隠れてしまうのである。それというのも，愛はすべてのものを生かし，す

55

べてのものを自分に向けて動かし,至福にするからである。この隠れてあることには,いかなる暗さもないのだ。われわれの哲学者が,彼の神が彼を気に入るかどうかを心配しない。神は愛なのだ。神は唯一恵みぶかくあるのだ。神が隠れるのは,技巧のためではなく,教育のためでもなく,脅かしのためでもない。神は唯一にしてすべてであるから,隠れるのだ。

このテーゼは愛について扱うが,愛は,無限の一性を被造物において引き起こし,被造物を回帰に向けて動かすのだ。この一か所においてのみ,著者は読者に直接に語るのだ。神への愛によって君は高められるのだ。神は崇高なものに向けて移すのだ。

この書は,生命論でもあるのだ。それによると,君を一なる者と合一させよ,そればかりか君はいつもそれと合一しているのだ。

「IX　定義：神は,時間に属するすべてのものがそれに対してのみ現前しているところのものである。」

「注釈。　この定義は存在内容に依拠している。
　全体は,唯一の眼差しによってすべての部分を見るが,部分はそれに対して,全体を,その都度異なった互いに継起する光景のうちでのみ見る。神性はそれゆえに,互いに継起する存在の総体性である。神性の眼差しはそれゆえに,唯一の眼差しであり,時間的継起を伴わない。」

II 『24人の哲学者の書』翻訳と説明

　われわれ，人間には，いつも限界づけられたもののみが現前しているのだ。われわれの時間意識は，小さな隆起を超えて過ぎ去って行く。それは小さな隆起そのもので「ある」。われわれの知っている多くのものさえ，瞬間的にわれわれに現前しない。むしろそれはわれわれには決して現前して来なかった。神は，時間意識の隆起が決して存在しないところのものである。神は全体性そのものなのだ。それ自体において散漫になっているものは時間的なものである。それは神のうちでは散漫にならずに現前している。三つの時間の次元は，神のうちでは，崩落してしまうのだ。神はすべての存在の存在形式を自分のうちで持っているのだ。神はすべての継起するものの総体性（totalitas successivorum）なのだ。それゆえに，神は唯一の存在として，継起には従属しないのだ。神は付加的ではない無限性の唯一の存在なのだ。神は全体そのものなのだ。世界の事物とか世界の出来事を，注釈は比喩的に神の部分と呼んでいるのだ。

　「X　定義：神は，その能力が計り知れず，その存在は何かに含まれておらず，その善存在は限定されていないところのものである。」

　「注釈。　この定義は，第4番目と第7番目の定義から明らかである。
　　被造的存在の能力においては，まず第一に，数が立ち現れてくる。というのは，ここでは，働きが大小の数を伴って，可能的なものを現実的なものへと導くか

らである。もし無限に多くのものがあるのならば、これは「不可能」と呼ばれる。すべてのものがそれによって現実性に導かれるところのものは、しかしながら、無限に多くの働きを有する。それゆえに、それは唯一の瞬間において働くのである。しかし現実性へ向けられている無限に多くの数があるところでは、またそれが抵抗に出会うならば、それは決して結果にまで到達することはない。

　すべての存在は、有限性を閉じ込めておくこと（clausio）を意味する。それゆえに、その中心からその存在に至るまで、有限ではあるが、多くの活動性が存在する。神的な存在においては、そうではない。ここでは、中心から外的で現実的になったものに至るまで、無限に多くの働きが存在する。それゆえに、それを閉じ込めておくことは無限なのである。無限の現実化はここでは可能ではない。それというのも、神的存在は、必然的に現実に存在するからである。

　ここから生じることは、第一の根底へと回帰するためにも、無限の善性はより確実な道である。それというのも、それは、存在から、中心にある一性へと通じているからである。」

　神とは、その能力は数えきれず、その存在は閉じられておらず、その善存在には限りがないところのものなのだ。著者は全能の夢のなかで動いているのではなく、数理哲学のうちで動いているのだ。数はそれらを数にしている一に尽きるのではない。

II 『24人の哲学者の書』翻訳と説明

　三つの根本概念とは，能力，存在，善存在（posse, esse, bonitas）である。万有を無限なもの，限界のないものとして考えることは，すなわち神を思索するということなのだ。

　一性そのものは数えられない。その産出性がすべてのものに数を，比例的構造を与えるのだ。一性は数えることによって創造するが，それ自身は数に従属しない。

　すべての有限的なものは，閉じられた存在と善存在を持つ。それはいわば，存在と能力に関して，小さな，見渡すことのできる，有限な球を形造るのだ。その働きは数えられ，見渡すことができる。その表面線も見つけ出すことができる。しかしながら，神はその表面を見つけることができないものなのだ。それが閉じ込めることは，無限である。つまり，それはいかなるものも閉じ込めはしないのだ。それはいかなるものにも閉じられておらず，いかなるものにも開かれてはいないのだ。

　『24人の哲学者の書』を統一性として証明することで，この注釈は有名である。このことをそれは，命題IVとVIIを参照することによって，達成しようとする。無限の一性は，その完全な生命を生きるのだ。それはいつもすでに達成されている目的である。その行為と目的の間には，いかなる抵抗もなく，いかなる時間もない。さらに，注釈は球と中心の像を，第二のテーゼから再び取り上げる。被造物もまた，中心を持つが，その中心からその存在に至るには，多くの階梯がある。そのために，被造物は多くの運動と行為を必要とする。その行為で被造物が成果を収めるのは，有限数において，また見渡すことのできる抵抗にお

59

いてのみである。無限に多くの作用は、被造物においては、不可能である。無限の一性は無時間的に無限に多くの行為に働きかけるのだ。無限の一性はその中心から外部の実現されたものへ至る道を、いつもすでに通り抜けているのだ。このことは、中心の像が消えてしまうことの別の表現である。中心は至るところにあるのだ。

注釈は、存在は制限されているという重要な点を堅持しているのだ。そうならば、無限の一性は、超存在として考えなくてはならないのだ。これこそが、われわれのテキストを貫徹している主題なのだ[19]。

注釈は、神の生命性をその中心からその現実化に至る無限の活動性として、理解している。初期の新プラトン主義者のように、注釈は活動性をアリストテレスの術語でもって、可能的なものから現実的なものへの移行として捉えている。

それが神的存在について教えるところによれば、中心から外部へ至るには、無限に多くの作用が遂行されなければならない。しかし、無限の球には、外部のものなど存在しないのだ。

最後の命題が説明していることだが、被造物の回帰のためにも、無限の善性が確実な道なのだ。無限の善性は被造物を誤りなく引きつけるのだ。注釈は、このアリストテレス『形而上学』第7巻からのこの思想を、表面のない球と結びつける。注釈は、無限の球の像を改めて取り上げる。そのためにも、注釈は、予め定義Ⅹは第4番目と第

---

19) Ⅲ h S.9,5 など参照.

II 『24人の哲学者の書』翻訳と説明

7番目の定義からの帰結であると説明している。そのことによって，注釈はこの書の統一性を言語的にも，雰囲気的にも，加えて論理的にも強調しているのだ。

「XI 定義：神は存在の彼方にあり，豊かさそのもののうちにある唯一の者として，必然的にあり，かつ満足している。」

「注釈。 この定義は，存在形相に依拠している。しかしそれは，その存在形相がわれわれに関係するかぎりにおいてである。

すべての存在は，閉じ込めを意味する。したがって閉じ込められないものは，存在の彼方にある。必然性は，存在に帰属する。というのは，欠如は存在に到達しないし，存在は閉じ込められておらず，無限の可能性のうちにあるからである。その際，超存在は，打ち砕かれることがない。というのは，それは自分に回帰することなく，自分から出て行くことはないからである。それは全体であり，欠乏ではなく，溢れ出ることであるからである。」

存在は最高の概念ではないのだ。もしわれわれが，神を「存在」ないしは，「自存する存在」と呼ぶならば，神は規定されていることになる。クザーヌスによれば，われわれが神を，命題Xとともに，「汲み尽くすことのできない能力」と呼ぶほうがはるかによいだろう。あるものは，何かであり，それゆえに制限されているものなのだ。そのよう

61

なものに対しては，それでない他のものが対立している。例えば，普通の有神論では，神は世界に対立している。このような表象は，無限の球に面しては，すべての意味を失うのだ。万有はそのような球の内部にある。個々の世界事物は，偶然に晒されており，必然的ではなく，他の存在を必要としている。無限の球では，このようなことはすべて，当てはまらないのだ。

　神は，存在の彼方にいるのだ。この定式はプラトン主義的だ[20]。哲学者でない人は，その定式を，神の超越を際立たせるための過度に修辞学的な像と捉えるだろう。しかしながら，重要なのは，次のような哲学的思想である。すなわち，「存在的」も，「非存在的」も，一性的規定であり，それゆえに，「一性」というのは，「存在的」よりもより包括的な規定なのだ。「存在」と「存在的」は，「非存在」と「非存在的」と同様に，世界現実性の「構造要素」である。それゆえに，VIに対する注釈で言われているように，無は，実体の根底ないしは，根底に伏在しているものなのだ。それら両者には，一なるものが，すべての対立を自分のうちに含んでいる無限の球が，予め組み込まれているのだ。無限の球が自分から出て行くとき，それはいつもすでに自分のうちに回帰しているのだ。それはわれわれと同様に，いかなる散漫な定有も持っていないのだ。

　注釈は，どのような意味において，無限の一性は超存在（superesse）でなければならないのかを説明している。それは，すべてを包括し，制限されていないのだ。それは必

20）H S. 21 など参照．

然的なのだ。というのは，その無限の原動力は，それに対して宿命を定めるいかなるものも，対抗させることはないからである。それは解体してしまうことはなく，多様性のうちへと散漫になることはなく，いつも自分のうちへと集中しているのだ。これは，生命の全体を記述する際の新しい機微なのだ。

　生命の全体は，自分のなかに集中しているのだ。それは自分から自分へと円運動をいつもすでに遂行しているのだ。それはそのような円運動を窮乏からするのではない。それは円運動によって，なにものも獲得するわけではない。そうではなく，それは，そのような円運動を，それに特有な様態の一性によって，すなわち生命によってなすのだ。

　「XII　定義：神は，その意志が被造的な力と智恵に等しいところのものである。」

　　「注釈。　意欲と知と能力は，被造物の行為の原理である。それらは同じものではない。というのは，意欲は知や能力よりも神に似ているからである。自然は能力を制限し，教養は私の知を制限する。しかし，意欲はいつも自由に留まり，いつまでも続く共鳴を呼び起こすのである。」

　われわれ人間においては，これらの三つの要素は互いに対立している。それは，能力，意欲，知のことである。われわれは自分が知っているすべてのものを意欲することは

ないし，われわれが意欲するすべてのものをなすことはできない。神の唯一性はこのような分離と関係しない。神の意志は，その能力と意志に調和しているのだ。テーマは，被造物の活動性と神的な無限の活動性の間に見られる対照性なのだ。

注目すべきなのは，神によってなされた意志である[21]。それは万有の一性が自分自身を肯定する意志のことである。この際，先に述べた三つの要素と意欲されたものは一つになっている。そしてこれこそが，非分離性の最高の形式なのだ。それと反対のこと，したがって知と意欲と能力が分離していることは，われわれ人間を特徴づけるものなのだ。自然はわれわれの能力を制限し，他のものによって矯正されることは，われわれの知が制限されたものであることを証しているのだ。意志の傾向だけが永続的な高揚が可能なのだ。

私が提案したいテキスト校訂によれば，意志を知よりもいっそう「神に似たもの」と呼びたい。それは手稿 Laon 412 によって確証されている。それは，意志を異常なほど高く評価する。このことは，13世紀においてドミニコ会士よりも，むしろフランシスコ会士において普通のことだった。テキストに出てくる「より弱い」という語は，注釈の最後の命題と調和しない。この最後の命題によれば，意志というこの語の意味するのは，「決定力」よりも，むしろ「愛」を意味するのだ。愛はわれわれの能力と知の制限性を超えて，一性への無限の回帰を遂行するのだ。

---

21) H S. 176 Anm.2.

Ⅱ 『24人の哲学者の書』翻訳と説明

「XIII 定義：神はそれ自体で活動的であるが，その際，自分を分割したり，何らかの性質を獲得したりすることはない。」

「注釈。　被造的存在は，行為し，そのことによって何らかの性質を得るのである。それは行為するが，永続性には欠けるのである。というのは，それは抵抗に出会うからである。それゆえに，消耗がその活動力を削ぐのである。
　創造者においては，事情はそうではない。創造者は変化することはなく，いかなる追加的性質も得ることはない。創造者は，疲れてそのうちで休むいかなる蔭も必要としない。」

われわれが行為するとき，外に向かって行為するのであり，したがっていつも他のもの，他の対象とか物質とか人が，ともに働いている。そのかぎりにおいて，分離とか制限が生じる。われわれは，行為によって以前には持っていなかった性質を獲得するのだ。われわれはよりいっそう巧妙になり，経験を積むようになる。われわれは外部の経験を自分のうちに取り込むようになる。「性質」(habitus)は，行為によって獲得する性行という意味でも読める。例えば，泳ぐことができることはそれである。

無限の球の行為は，それ自身の内部で経過するのだ。それはいかなる抵抗に遭うこともなく，外的経験によっていかなる新しい性質を得ることもない。というのは，そのよ

65

うな球にとって，外部もなければ，自立的な抵抗もなく，それから分離した疎遠な物質もないからだ。ここに格好の比喩がある。無限の一性は，いつも働いているので，そのなかで休む蔭など必要ないのだ。神は眠らないのだ。

　定義XIIIと古注は，XIIと密接に関連している。というのは，それらは神が働くときの可能性と人間が働くときの可能性を比較しているからだ。哲学者たちは，たとえ神性について語るときにも，地上の世界を分析するものだ。被造物は，何らかの性行を得るために働く。それらは孤立して世界のなかにいるわけではないのだ。他の存在がそれらを促進したり，阻害したりする。それゆえに，それは労苦を伴う。無限の一性はその働きにおいて，その全体性において，自分自身のほうを向いているのだ。それは時間的制約を受けない。それは，人間のように，新しい性行を獲得するために，自分自身から距離をとる必要などないのだ。

　「XIV　定義：神は，無と反対のものであり，その中間に存在がある。」

> 「注釈。　この定義は，球としての神の表象を生み出すものである。その球はその中心に無を投げ入れている。神的な球は，無を永遠にその存在のうちで保っておくという神の働きをたえずなしている。それは，自分を一定の仕方で，中心におくという責務のためであり，そこから溢れるような善性において存在のうちで休らうためである。もしその善性がその責務を現実的存在にまで高めるならば，善性は永続的な存立を保つ

II 『24人の哲学者の書』翻訳と説明

であろう。そして善性が無に帰さないかぎり，善性はその責務を可能的存在のうちで保つのである。」

これは特にわかりにくい格言である。「中間に」という表現は，中世においては普通ではない。しかし，それは「媒介」として，1800年以降のドイツ哲学では，根本概念の一つになったものである。数人の写字生は，それを「媒介にして」と読んでいる。中世の読者も困惑したに相違ない。手稿 Laon 412 は，格言 XIV によれば，神は存在の媒介として無と対立するものなのだ。

アリストテレスの『形而上学』第4巻を繙けば，たちまちさまざまな困難が起こってくる。それによれば，すべての対立は，肯定か否定の，ないしは存在か非存在の対立の上に成り立っている。アリストテレスによれば，存在か非存在の間には，生成を除けば，いかなる媒介も存在しない。ここでは，次のように言われている。神は，存在を中間にして無に対立するものなのだと。神は肯定と否定の，存在と非存在の対立を超えている。神はそれを神の中心に「投げ入れて」いるのだ。

神は，格言 XI で言われているように，存在の彼方にあるのだ。神は数えながら，存在を生じさせるのである。存在は特定の存在として，いつもまた制限されており，したがって他のものではあり得ないのだ。有限的なものとしての存在は，超存在と無との或る種の混合なのだ。

注釈は，無限の球の像をより詳しく描くのであり，その際，創造のキリスト教的概念を移調するのだ。無限の球は，無をその球の中心に投げ入れ，単なる可能なものを現

実化の状態へと呼び出し,それを永久に固定する。もしそれが単なる可能的なものに留まるならば,それは再び無のうちへと沈むのだ。

　無が神的な球の中心に投げ入れられているという表象は,詩的にはすばらしいが,スコラ学的には不可能なのだ。その球は,母の国を思い起こさせるが,可能な事物は,現実化されるために,呼び起こされなければならないのであり,それは現実性になるためである。さもなければ,それらの可能的事物は永久に無に留まるだろう。

　第14番目の定義によれば,神は無に対立するものなのだ。神は唯一無に対抗するものである。なぜならば,神はすべての現実的なものを包括しているからである。もしわれわれが,世界全体がそれから構築されている三つの要素を思い起こすならば,超存在の極と無の間には,いつもすでに制限されているものとしての存在があるのだ。

　テキストは表象に訴えるので,したがってそれは思索しながら,訂正されなければならない。テキストが要求するのは,無を,無限の球の中心のうちに投げ入れられたものとして表象することだ。無限の球のたえず存在を付与する働きは,そのことを永久に必要な義務と見なすのだ。そのような働きは,しかしながら,その慈しみにおいて存在者を,無から呼び出すのだ。存在するものは,そうすれば,中心の外側ではあるが,その球の内部において存立することになるのだ。無論,中心は至るところにあり,そのかぎりにおいて,像が再び消えてしまうことになる。われわれが思索しながら,堅持するのは,すべての現実的なものにおいて,存在と無は結合されており,超存在者はその慈し

II 『24人の哲学者の書』翻訳と説明

みにおいて，存在と無とを結合するということなのだ。つまりは，それは制限された存在者を造り，それにはいつも無的存在が付着しているのだ。命題VIへの注釈から成立するこの命題は，「下に立つもの」(sub-stantia) としての実体の意味するところである。実体は，性質の変遷の下にあるものである。しかし実体の下には，無があるのだ。無が神の球の中心において，いかに自存しているかということは，思索するのに困難な課題である[22]。

テキストは，テーゼII, VI, XIV を論証的かつ比喩的に結合することによって再び，この小著の統一的構成を示している。資料が散逸していることは，ここでは話題にしない。

「XV 定義：神は生命であり，形へのその道は真理であり，一性へのその道は善存在である。」

> 「注釈。 中心から出てくる運動もあれば，中心に向かう運動もある。第一の運動は存在を与え，第二の運動は生命を与える。神において第一の運動は存在によって生む者から生まれる者への道であり，第二の運動は，それゆえに反対の道は善性である。」

アリストテレスは『形而上学』第12巻において，精神は生命であると言っている。定義XVによれば，神は精神であり，このことを説明して言う。無限の生命は往路であ

---

22) Kaluza, Comme une branche, S. 120-121, 参照。

り，かつ帰路である。

　神，すなわち空間のない球においては，われわれは二つの運動を考えなければならない。第一の運動は，中心から到来するのであり，神性の道である。その道は，投げ入れられた無から形へと，結合された形相の充溢へと，すべての構造とすべての認識可能性の総体性へと通じているのである，もっともそれが真理であるかぎりにおいてであるが。それは生む者から生まれる者への道であり，その理念の充溢において，すべての神性は光っているのである。第二の運動は，中心に通じている。それはいわば帰路であり，内在的価値に通じている。それは善によって引きつけられてあることであり，いわば生命であるかぎりの力学である。

　生命はわれわれの書の主要なる主題なのだ。生命はより詳しく説明すると，もはや牢獄から定有への事物の道ではなく，二つの内的に対立する運動の統一である。

　このテキストは難解であるが，テーゼ XIII と XIV の連関を示している。すなわち神は永遠の働きであり，可能的なものを現実化するのであり，卓越した形相力ないしは神性として生きており，その善存在によって，その一性へと万有を引き入れるのである[23]。

　生命とは，形になることであり，形相を獲得することなのだ。われわれの地上の形は，不完全な現実化であるから，部分的な神性なのだ。ここでは，新プラトン主義的に

---

23) Berthold von Moosburg, Propositio 188 B, hrsg. v. L. Sturlese, Hamburg 1984 f., S. 81,9-11.

II 『24人の哲学者の書』翻訳と説明

変えられた理念論を背景として考えなくてはならない。われわれの形は，非神性的であり，いつも部分に分かれている。それは塩水を飲むようなものだとプラトンは言っている。無限の球の生命は規範になるようなものであり，非分割的なのだ。神性は形相をその純粋性にまで高め，善性は純粋の一性にまで呼び戻すのだ。現実的な生命，すべてを包括する生命は，形になった神性であり，慈しみによって再び達成された一性なのだ。

「XVI 定義： 神は唯一の存在であり，その優位性によって言葉によっては言い尽くしがたく，その精神存在は，非類似性のために認識しがたい。」

「注釈。 言語音の課題は，精神の諸概念を言い表すことであって，その他には何もない。

魂は自分自身のうちに，神のいかなる認識像も，範型も見ることはない。というのは，これらは専ら神自身であるが，神が諸事物のうちにあるかぎりにおいては，そのことは当てはまらない。それゆえに，神はその全存在からして，魂には似てはいない。神は永久に捉えられることはなく，したがって，言い表されることはない。」

定義XVIへの注釈は，その定義と同様に，言語の機能への考察によって始まる。そのことによって，外部の人々は魂の概念を思い浮かべる。これはアリストテレス『解釈について』I,16 a 3-4 からの教説であり，それはボエティ

ウスの注釈を通して中世にまで伝承されてきたものである。それによれば，言葉は直接的に外部の事物世界を模写するのではなく，それの精神的な同化なのだ。語られた音（laut）の使命は，有限的なもの，制限されたもの，それゆえ，一定のものを描くことである。それは抵抗する防御のようなものであって，それ以外には何ものでもない。それゆえに，語は当該の事柄の思考像であって，この事柄そのものではない。思考像は，制限されており，それゆえ，排除的にあらねばならない。したがって，言葉はすべてを包括するものには，到達しないのだ。しかし，ただ単に語が否まれるだけではなく，われわれの思考も否まれるのだ。われわれの概念は，制限し，分割するのだ。しかしそのような相違性は，完全に一なるものを捉えることはできない。一なるものにとっては，そのような相違性は，その制限する性格によって，あまりにも似ていないのだ。魂はなるほど個々の理念を捉え，表すことができる。しかしながら，神はそれ自体において，すべての理念の総体性なのだ。総括すれば，すべての理念は，神自身に他ならないのだ。それらの理念そのものは，神の同一的無限性のうちに受容されており，それから分離されえないのだ。それらの理念は，なるほど事物のうちにもあるが，それらが神自身であるかぎり，そうではないのである。それゆえ，われわれの制限する表示機能も否まれているのだ。われわれはいかなる神の思考像も持っていないのだ。われわれは神を思考することもできないし，言語的に描くこともできないのだ。

　アウグスティヌスの教説によれば，魂は外部ではなく，

II 『24人の哲学者の書』翻訳と説明

自分自身のうちに神を見出すのだ。われわれのテキストはそれと反対のことを主張している。それは事柄に即して言えば、反アウグスティヌス的展開のことだ。すなわち、魂はいかなる神の認識像も範型も見出さないということだ。魂は神にはまったく似ていないのだ。神はそれゆえに、魂によっては精神的に認識されることもなく、言葉によって表されることもないのだ。つまり根本的な否定神学なのだ。

「XVII 定義：神はただただ自分自身についての概念であり、いかなる述語にも耐えられないのである。」

「注釈。 難問は、難問への関係によっては認識されえない。
　諸事物においては、述語づけが生じる。それは、ただ一つの規定のうちに含まれているものが、さまざまな視点のもとで展開されるためである。神においては、さまざまな存在根拠が存在するのであり、それらは神の存在を多少なりとも完全化しうるので、神はいかなる述語づけにも耐えることはできないのであり、神自身は自分自身を認識するのみである。というのは、神は自身を自分自身に向けて生むからである。」

無限の球の外には、何も存在しないのだ。神は認識であり、それは自身を認識することによって、唯一のものとしてすべてを認識するのである。この自己認識は、人間の命題の形式をとることはできない。人間の命題は意味に満た

されるが,それはそれらが,論議されている根本命題,設問の要点を反復することによってではなく,それらが主語に述語を付加することによるのである。全一者には,しかしながら,何も付け加えることはできないのだ。つまり,述語はさまざまな性格を持つが,全一性には,区別する何ものも存在しないのだ。

　定義と注釈はXVIにおいては,密接に繫がっている。それに先行する格言は,言語の本性からして神の認識不可能性を帰結するのではなく,人間と神との非類似性から帰結するのだ。格言XVIIは,述語づけの分析から出発するが,それはちょうどテーゼXVIが音の機能から出発するようなものである。それは,神の認識不可能性を,その解消されえない単純性から帰結するのだ。神のうちには,さまざまな視点が存在しており,それはIVで言われているとおりである。それはしかしながら,付加するものの様態においてではなく,したがって客観的な関連と上昇の様態においてではなく,それゆえ,時間的意味における先後のうちにある自然において生じる諸関係においてではなく,根底とそれによって基礎づけられたものとして,多少関係の様態においてである。神性においては,実在的な上部構造は存在しないのだ。神性は自分自身を認識するのだ。というのは,神性は自分を自分に向けて生むからだ。そのテーゼによれば,神は自分を認識するが,しかし述語的にではない。というのは,神にはいかなるものも,性質的,二次的には帰属していないからだ。それはちょうど,「ソクラテスは音楽的だ」という命題における音楽的才能が偶然的性質であるようなものだ。

II 『24人の哲学者の書』翻訳と説明

　注釈の第一命題によれば，難問は難問への関係からは認識されないというものであった。難問という読み方は困難な読み方であり，自ら解体してしまう。

　定義はいくつかの規定の集合を要求する。難問はよじれの結合のようなものだ。難問を認識するには，このよじれを解かなくてはならない。そうすれば，初めてこの難問はどのようなものであったかが分かるのだ。難問は個々の要素に分解しなくてはならない。しかし神はなるほどさまざまな存在要素からなるが，しかしこれらは，神の単純な本性からは分離することはできないのだ。というのは，神は認識を通して自分を生むという一性的過程だからだ。それゆえ，神は単独で自分自身を定義できるのだ。われわれ人間はそのようなことはできない。というのは，われわれの言語に適しているのは，因果的にして時間的な理由と結果を言い表すだけであり，したがって言語は客観に属しており，それは先後と多少を示すのみであり，したがって時間的制約に従属しているからである。神は，そのような分節化と関係しないのだ。神は付加を含むようなわれわれの命題からは遠ざかるのだ。神こそ解きがたい難問なのだ。神は自分のうちにすべての内容を含むが，解きがたい単純性においてなのだ。それゆえに，神は定義されえないのだ。というのは，定義は類に種という特別な規定を付加して成立するからだ。

　「XVIII　定義：神はそのなかの点と同じくらい多くの表面を持つ球である。」

75

神とは何か

「注釈。　この定義は，2番目の定義から生じる。というのは，神は延長なくして，あるいは，無限の延長によって全体的にあるから，その存在の球のうちにおいては，いかなる外的なものも存在しない。

　それゆえに，神の最も外部にあるものにおいても，いかなる点も存在しない。というのは，神の表面はそれよりもさらに外部にあるというわけではないからである。」

再び，球の像が話題になっているが，そのことは，われわれのテキストの統一的構想を証するのである。しかしながら，この球の像はこの後，次第に破壊されることになるのだ。したがってわれわれはそれにばかり張り付いているべきではない。無限に多くの表面を持つ球とは，もはや球ではないのだ。われわれが堅持しようとしている点は，新しい無限の表面のうちに分散されてしまうのだ。

定義と注釈は，IIの球の主題をさらに進めたものであるが，それはXがIVとVIIから，XXIIIがXXから導出できるのと同じである。格言XVIIIが強調するのは，無限の球の次元のない全体性なのだ。もはや一つの存在を付与する中心など，存在しないのだ。それは，あたかもいかなる神も存在しないかのようではない。しかし，神は無限に多くの中心を持つ無限の一性なのだ。無限に多くの球の表面が存在するが，それは球の内部の点ほど多いのだ。外部は存在しない。表面の内部にあるすべての点は，それ自身において，表面を持つが，その表面は無限なもののうちで消えてしまうのだ。無限なものはさらに先へと進んでいく

のだ。点は能動的な世界拡張と新しい表面形成のシステムを作り上げるのだ。

「XIX　定義：神はそれ自身不動にしていつも動くものである。」

> 「注釈。　不動であると神は言われる。というのは，神は同一の仕方で関わるからであり，このことはすなわち，休止しているということである。
> 　神はいつも動いている。というのは，神はそれ自身において，生命的であるが，勿論変化は伴わない。神は単純な洞察で自分を認識する。それはすなわち，洞察は洞察されたものを完全化するのであり，洞察されたものは，洞察する者の本質内容である。」

　この格言は神のアリストテレスによる規定から取ってこられたものである。それによると，神は不動の動者であり，ないしは変化しないで変化する者であって，これは『自然学』第八巻と『形而上学』から取ってこられたものである。
　これはすなわちパラドックスであり，すなわち神はいつも動いているが，そのように動くことによって休息のうちにある。休息と運動が出会うのだ。「いつも」は時間規定を超えている，そのような時間規定において，われわれは休息と運動を区別できるのだが。このようにして，われわれの理解によれば，神は生命なのだ。精神と生命の同一視も，アリストテレス『形而上学』第12巻の教説である。

『原因論』はこれをさらに展開したものである[24]。

　神の休息と可動的な生命は知性のそれであり，その対象は，知性の形式と，したがって知性自身と同一なのだ。それはいかなる時間的過程でもないから，完全性における新たな獲得もない。これもまた，目と樹の，知性と可知的なものとのアリストテレス的な統一だ。神は自身への単純な眼差しにおいて，自分を認識するのだが，それについては，XVI と XVII が示しているように，われわれはいかなる概念も持ち得ないのだ。

　「XX　定義：神はその自己認識から生きている唯一の存在である。」

　　「注釈。　神は，身体が生きているようには，生きてはいない。身体は自分と異なる存在を自分のうちに受容するが，それは身体がその固有の本性のうちへと変化するためである。

　　神は，天上の物体のようには，生きてはいない。天上の物体は，その運動を精神存在から得ているからである。神は，知性実体，魂の存在のようには生きてはいない。それは直接的に神の一性から生きているからである。

　　そうではなく，自分自身から，自分自身において，神は生きている。それは神が自分を精神的に認識し，

---

24) Liber de causis, hrsg. v. A. Pattin, in: Tijdschrift voor Philosophie (1966), XVII (XVIII), Nr. 145, S. 175.

II 『24人の哲学者の書』翻訳と説明

超存在の様態においてあることによってである。」

これは神の生命性についての論考なのだ。著者は，生命的なものについての宇宙論的な諸段階を見ており，一連の否定によって上昇して行く。活ける地上の存在は自分を自分の外にある何かによって養っており，それを自分に固有の本性のうちへと変えており，天体は精神によって生きており，その精神は天体を動かしているのだ。知性実体，それゆえ精神的魂は，星を精神化し，動かしているのだが，そのことによってその生命によって神的一性を得ているのだ。すべてのものが他のものによって生きており，その都度，異なった仕方で生きているのだ。無限の一性のみが真の意味で生きているのであり，それはそれが自分自身を認識することによっているのだ。無限の一性のみが超存在的仕方で生きているのだ。

上に挙げた諸段階を列挙すると，

1　物体的事物
2　天体
3　精神。それは天体を動かしている。
4　知性実体。これは神の一性によって自存している星の球を生み出している。
5　神

このような列挙は，アヴィケンナの宇宙に似ている。考察はアリストテレスの『形而上学』第12巻第7章によって終幕を迎える。すなわち，神は自己自身を捉える精神であり，そのことのうちに，歓びと至福の生命を生きるのだ。われわれが自分を養っているのは，われわれ自身では

79

ない事物によってである。純粋の思考は，その栄養を自分自身のうちに見出すのだ。それは自分自身において至福なのだ。特徴的な展開がここで新たに生じる。無限の一性は存在の彼方にあり，それはちょうど格言IIIによれば，無限の一性が上部にもあり，外部にもあるということだ。しかしながら，「存在」とは通常の意味では，テーゼXによれば，制限されてあることなのだ。

「XXI 定義：神は魂の闇であり，すべての光を拒絶するのである。」

> 「注釈。 事物の認識像は，魂のうちにおいては，魂を明るみに出すのである。それゆえに，魂については，それは或る意味ですべての事物であると言われる。それらは魂に光りをもたらすのである。しかしながら，魂がすべてのこれらの形を投げ出してしまった後に，魂は神性を見るのである。神性は，すべての事物の認識像を否定し，それを遠くに置くのである。そのことによって神性は，神性を超えてあるものの方へ向きを変え，第一の根底を見ようとするのである。
> 　しかしながらその際，魂の知性は暗くなってしまう。というのは，かの造られざる光に対しては，知性は適応していないからである。もし知性が再び自分に目を向けるならば，知性は言うことだろう。ここでは私は闇のなかにいると。」

すべての事物の認識像は，魂のなかにある。魂は或る意

味ですべての事物であると正当にも主張されるのだ。神は光なのだ。神はまた魂における光である。それゆえに，神は或る意味では魂でもあるのだ。しかしながら，神は規定されざる光なのだ。神のほうへ向かう魂は，すべての規定されているものを忘れなくてはならない。そうなれば，魂は暗闇のうちに留まることになるのだ。

　すべての他のものは，光ではあるが，蔭と混合しており，しばしば蔭のほうが多いのである。そのことはプラトンと聖書が語っている。神の像としての太陽は古くから言われている。神は，規定されざる光として闇なのだ。光，ないしは光のうちにあるのは個々の対象であり，それをわれわれは鋭く捉えるのだ。ここでは，世界事物は光であり，神は闇なのだ。

　光はしたがって豊かにあるが，しかし仮のものなのだ。光は，何か規定されるもの，何か個々のものを照らすが，無限の球は決して照らさないのだ。この無限の球を考えようとする人は，確固したものではなく，闇のなかに，無規定的なもののうちへ入らなくてはならないのだ。というのは，彼は語を捨て，述語を断念しなければならないからだ。彼は個々の規定から遠く離れていなければならないのだ。われわれは通常は明るみのなかを，個別的なものと規定されたものの間を動いている。われわれがすべてを否定するとき，われわれは自身を闇のなかに見出すが，その闇こそ，唯一の光なのだ。

「XXII　定義：神は次のようなものである。

　そこから存在するすべてのものがあるものであり，そ

の際，神は分割されることがない。
　それによってすべてのものがあるものであり，その際，神は変化することがない。
　そのうちにおいてすべてのものがあるものであり，その際，神はそれらと混合されることがない。」

> 「注釈。　神の三つの形をした存在を無のほうへ向けることによって，あるところの事物を存在へと導くのである。その結果，事物は生む者からその定有への始まりを受け取り，生まれた者から，その存在における場所を把捉し，生命に満ちた持続のうちで保つのである。
>
> 　しかし事物は生む者から，それが分割されるという仕方で，生じるのでもなく，また生む者は，何かその事物に付着するものを，その存在から分割する仕方でもない。また，神的な存在本性が事物にその存在本性を与え，他のものによってではなく，自分自身によって変化するという仕方においてでもない。さらにまた，すべてのものを自分のうちに含む生命に満ちたものにおいて，そのように受容されることによって，混合と醜悪化を被るという仕方においてでもない。」

神的な一性は，世界のなかへ三つの形で現れてくる。このことは三つの鍵となる言葉によって強調されている。
「そこから」
「それによって」
「そのうちにおいて」

II 『24人の哲学者の書』翻訳と説明

このことはつまり、神的一性は生む者であり、そこからすべてのものはあるのだが、存在を与えるものはそのことによって、何かを失うことはなく、それは存在を分与するのであるが、そのことによって、自分の一部を失うことはないのだ。

神的一性は、生まれた者であり、すべての事物にその特殊な本性を固定させるのだ。それは本質形態の総括であり、形あるものとなったものとしての事物を存在のうちへ保つのだ。それをとおして、すべてのものはなったのであり、その際、それは変化することはなかったのだ。

神的一性は、生命の泉なのだ。それはすべてのもののうちで働き、すべてのものを事物の働きにおいて、一性に導くのであり、それはすべてのものが一性のうちで合一しているとおりである。すべてのものは一性のうちにあり、その際、一性と混合することはないのだ。

神は三つの形をした存在として、世界の内部の事物の根底であり、それらの事物と混合することなく、それらから制限ないし欠如を受け取ることはないのだ。この三位一体的形而上学は、神の内在と超越に調和しているのだ。それは形而上学であって、決して聖書神学などではないのだ。

注釈は、創造の明確な構想を持っている。注釈は、そのために creatio という表現を用いる。しかしながら、ここではそれは、「三つの形をした存在を無の方へ向けること」という恣意的な言い回しで語っている。それは、「三つの形をした」という言い回しが正確に何を意味するのかという問いは、それ以上に追求しようとしない。それは明らかに三つのペルソナのことを語ろうとはしない。それ

83

は，三一性についても書いてはいないし，そのためには，「三つの形をした存在」と言っている。それはキリスト教の教えを眼中に入れているが，しかしその教えをそれ独自の哲学的言語によって翻訳している。無限の一性は，生む者として分割されえないのだ。無限の一性は，何ものも自分から与えることはしない。神的なものの存在像（species divina）としてそれは，事物の種的存在を形作るが，その際，自分は変わらない。聖霊の教会言語である生命付与者として，無限の一性は，自分自身のうちにすべての事物を取り集め，自身をそれらと混合しない。

「XXIII　定義：神は，精神が無知のうちでのみ知るものである。」

「注釈。　この定義は 21 番目の定義より生じる。

　魂は魂がそれについて，認識像を受容し，魂がそれのうちにある原像と比較することのできるもののみを認識する。魂は原像を所有するが，しかし魂を通して第一の根底から存在のほうへと流れ出したものの原像についてのみである。

　したがって魂は，それを超えているものについては，いかなる認識も持たない。したがってまた，第一の根底については認識しない。しかし魂が総体としての知を考察した後には，魂は事物から第一原因を取り出し，無に面したそれに対抗するものを把捉し，このようにして魂は，それが得られるかぎりでの認識を持つようになる。

II 『24人の哲学者の書』翻訳と説明

そしてこれこそが, 真の意味で無知である。知ることは, 魂でないものであり, 知らないことは, 魂であるものである。」

　注釈は, 24の定義の内的関連を示すように努めている。このようにして注釈は, 23番目の定義に寄せて, それは定義XXIから帰結したものだと言う。すなわち, 神は闇であり, すべての光を求めて魂のうちに留まるのだ。

　このテーゼは簡単ではない。神は認識できないのだ。神はわれわれによって把捉されるが, それはただ精神のうちにおいてのみであり, 知覚においてでもなく, 感覚によってでもなく, 予感ないしは, 信仰においてでもない。神は把捉されるが, それには魂の思考作業が必要なのだ。魂は予めすべてのその内容を探求しておかなくてはならないのだ。そのかぎりにおいて, 格言XXIIIは, 根本的な否定的テーゼXVIとXVIIを説明しているのだ。

　注釈は, 認識の哲学の提要を述べているのだ。すなわち, 人間の魂は, 外的経験に向けられており, それは認識像として, 魂のうちに描かれているのだ。魂のすべての認識は, 感覚とともに始まるが, しかしそれは感覚とともに終わることはない。というのは, 魂は, 外的印象のその像を原像へと関係づけるが, 原像は, 魂が自身のうちに担っているものだからだ。魂はその印象像を秩序づけ, 評価するのだ。しかしながら, 何によって魂は, 自分のうちなる原像的にして規範的な理念を得ているのか。その答えは, 次のとおりである。魂はその理念を第一の根底から, 魂を通して存在へと到来したものによってのみ, 得ているの

だと。しかしそのような申し立ては、不正確なのだ。それは制限つきなのだ。すなわち、必ずしもすべての世界事物が、魂を通して定有へと流れ出したものではないのだ。神においては、そのようなことは最も少ないのだ。ここで万一、世界魂が話題になるのならば、世界はそれから流れ出し、それゆえ、認識可能になったと言えるだろう。人間魂としては、それはそれに固有の概念とその行為のみを知るのである。これらのものを人間魂は、判断し、評価することができる。しかしながら、第一の根底については、それはいかなる先天的な認識も持たないのだ。第一の根底を魂は探求しなくてはならないが、それは魂が世界を貫通し、すべての対象から第一の根底を際立たせることによるのだ。魂は第一の根底の有する無への対立を認識し、そのことによって神を把捉するのだ。そのかぎりにおいて、魂は暗闇の中を手探りで歩むのだ。そのことによって、魂には結果が見えてくる。格言 XIV はそのことを言い表している。すなわち、神は無への対立のうちにあるのだ。しかし、この洞察は否定によって得られたものであり、それは非規定的な規定である。それは、多くの知を得た後の無知なのだ。格言によれば、君たちは認識様相を区別しなければならないのであり、矛盾する言明を調停しなければならない。それは、君たちが、それらの様相を知的作業の段階に引き入れることによる。まず、感覚的認識、それから、魂のうちなる規範的な思想と評価しながら、比較すること、最後に取り除かれたもののうちで超出すること、それゆえに、すでに獲得された規定を否定することによる。しかし、最後の歩みとしての無知のうちで神は、知られる

のだ。明らかに言われているように，無知によってのみ（sola ignorantia）ということが重要なのだ。この知は，内容のないものではない。それは，内容を突き放すことにおいて，つまり無限の一性の光のうちで成立している制限する諸規定を，すべて遠ざけておくことにおいてのみ，成立する。君たちに耐えることとして残されているのは，君たちが神は何でないかのみしか知らないということなのだ。そのようにしてのみ，君たちは一者と合一できるのだ。というのは，ただ単に認識のみが問題になっているのではないからだ[25]。このことは，神学を学として樹立しようとした，13世紀に居合わせた二三の神学者には，あまりにも僅かな成果のように見えるかも知れない。彼らがその使命を見ていたのは，一定の述語を命題の主語である「神」に，明確な規則によって結合することであった。

　著者は，無知を神についての唯一の知として語ることにおいて，孤立していたわけではない。ディオニシウスが『神秘神学』において語っているように，人間は闇のなかに入っていかなくてはならないのだ。プラトンとプロティノス，アウグスティヌスとエリウゲナにおいても，似たような言い回しが出てくる。クザーヌスは彼の著作に『知ある無知』という表題をつけた。他の著作においても，彼は無知への上昇がどういうことかについて議論をしている。

「XXIV　定義：神は，光であり，挫けることなく輝きとして，現れるのである。それは貫通する。しかし，事物

---

25)　Flasch, Nikolaus von Kues. Geschichte einer Entwicklung, S. 97-120.

のうちでは，それは神に似たものに過ぎない。」

「注釈。　この定義は，存在に注目することによって言われている。

　被造的光は挫かれる，もしそれが暗い対象へと落ち込むならば。そのような対象は非常な暗さのうちにあるので，被造的光は，そのような対象を，その優越した質料性のために照らし出すことができない。そうなれば，その光は輝きとなって砕け，しかもそれは，その光の輝きが最大のところでそのようになるのである。その光は，この砕けがその存在に打ち当たるところにおいて，性質的な形態（accidentia）に移行するのである。その破れは，多数の付帯性を生み出す。そしてこれこそが光の輝きなのである。

　神的光は，それに対して，被造的事物においては，いかなる質料性にも打ち当たることはない。なぜなれば，その質料性はその光をその働きにおいて砕くほど強力だから。それゆえに，その光はすべてのものを通り抜けるのである。事物のうちにある神の形のみが，多数性に移行する。それは，光そのものにおいてではなく，事物のうちで光の輝きを生む。

　そしてこれこそが，定義の主張することである。」

　注釈は，二種類の光を区別する。被造的光と神的光。それは被造的光の探求から始める。その際，太陽光のことを考えてよいかも知れない。それについては次のように言われる。それは，きわめて乏しい現実性しか持たない暗い物

II 『24人の哲学者の書』翻訳と説明

体に打ち当たる。というのは，非常に優勢な質料性によって，太陽光は，その暗い物体から，暗さを取り除くことができないからであり，そうなれば，一性的光は，色とりどりの輝きとなって，砕けるのだ，勿論，その質料性は空気と水とガラスでは異なるのだが。当初は，その太陽光は一性的実体だったのだが，今は，それは多くの現象形態に落ち込むのだ。そしてこのものをわれわれは，光の輝き，色の多様性として知覚するのだ。

　神的光については，事情は異なる。それは万有を貫通するのだ。というのは，それはそれを砕き，多数化するほどの大きな質料抵抗に決して出会わないからである。物体的事物は神の形をしている。そのことには，二重の視点がある。まず物体は神に対応している。そしてそれらは，神による光の被造物なのだ。

　しかし，それらは神ではない。その質料的要素が妨げるからだ。しかし，それらのうちに現前している神的光は打ち砕かれることなく，光っているのだ。神的光はそれらの被造的光そのもののうちで，多数化するのである。その際，それは変化することはなく，したがってその一性を損なうことはないのだ。

　ここには，アルハゼンやディートリッヒ・フォン・フライベルクが試みたような，光が砕けることの光学的分析には欠けている。注釈は光の形而上学なのだ。

　それは，その神は光であるという古い思想を，光の砕けという地上的現象から説明している。われわれはそれを聖書やプラトン的新プラトン主義的テキストから，「可知的光」の理論として見出すのだ。その成果は総体としての思

想の歩みのうちに見られる。すなわち，純粋の光は見られないものなのだ。われわれの見るのは，光の輝きなのだ。しかし，それは派生的な現象なのだ。

　格言 XXIV は一つの定義を与えている。それは，その定義が「所与の本質に即した」ものであるというその本質を表現するものである。先行するテーゼの否定神学的側面は忘れられているようである。そのかぎりにおいて，XXIII と XXIV の間には，帰結の正しさは見られない。しかし，読者にはとっくに明らかなのは，「定義」という語は，学校的な意味での類と種を意味するものではないということである。神は定義されえないものなのだ。この書は，空間像を呼び起こすが，それは破壊されるためなのだ。それはいかなる定義でもない「定義」を現前化するのだ。

　最後の三つの格言で探求は終わる。

　神は，その外部には何もない全一性なのだ。それゆえに，神は個物のように考えることは出来ないのだ。神は世界存在を自らから汲み取るが，分割されるのではない。われわれは神のなかにいるが，しかし容器のなかにいるようにではなく，他の素材のなかにいるようにでもない。命題 XXII が言うように，われわれは神と混合されているのでもない。定義 XXIV はこの関係を事物の側から考察し，神はすべてのもののうちにあると言う。すべてのものから，神はわれわれに対向するのだ。しかし，それは純粋の無規定性においてではなく，事物が神に似ていることとして出会うのであり，これは原光を現象にもたらすのだ。

　古い哲学的言語は，「汎神論」と「有神論」という表現

II 『24人の哲学者の書』翻訳と説明

をうまく使うことができなかった。しかし、テーゼXXIIとXXIVにおいてよりも、より明確に次のように言うことはできなかったし、言う必要もなかった。すなわち、われわれは全一性を主張するが、しかし全一なるものと事物を混同してはならないのだ。有神論か否かという議論は、これらの説明とは関係ないことだ。確かなのは、「三つのペルソナにおける一つの存在」という教義学的言い回しは一切登場しないことだ。ともかく、神は精神として、超存在者として、語るものとして、数えるものとして、多様性を根拠づけるものにして原光として、考えられていることだ。しかし、より好み、何らかの悔恨に襲われること、不当な好みは、神においては考えられない。そしてまた、神は世界事物と混同されてはならないのだ。

われわれの24人の哲学者は、孤高の思索者であり、彼らは一性哲学的に考えるが、決して汎神論的ではない。勿論、彼らは途中使っていたすべての述語を最後には、神的な無規定性の深淵のなかに投げ入れてしまうのだ。一なるものは精神であり、根底にして目的であり、不動の動者であるといった言表を、最後には、彼らは無知の夜のなかに沈めてしまうのだ。神は最後には、無知においてのみ、すべての述語を投げ出すことにおいてのみ、知られるものなのだ。しかしここで、23番目の定義に注目したい。すなわち、神は精神において知られるものであり、すべての世界経験において、集中して思考作業をした後に知的に取り出されるものであって、信仰や感覚や予感においてではないのだ。

「知ある無知」は、知性の働きなのだ。それは進んで盲

目になることだが，精神的認識としては，その必然性において捉えられるものなのだ。それは，命令を受け取ることでもなければ，教会の伝達によるのでもなく，単なる意欲や予感によるのでもないのだ。それは決して成果のない探求でもないのだ。

　24人の哲学者は，その最後の吟味の成果を書き記さないだけの十分な智恵があった。神についての獲得された共通の確信については，ついに語られないままに終わった。読者自らがそれを探求しなければならないのだ。

III
マイスター・エックハルトにおける『祝福の書』の神智学

1 接 触 点

『24人の哲学者』の受容史におけるマイスター・エックハルトが果たした特別の役割は，ハインリッヒ・デニフレ以来，有名であり，ディートリッヒ・マーンケ以来，よりいっそう詳しく研究されてきた。私はここでもう一度それを回顧するとともに，とりわけ格言IIの宇宙論に与えた刺激への研究の集中を示したい。この書へのエックハルトの関心はまた別のことであり，私はその知的動機を問いたい。どうしてエックハルトは，このテキストに関心を持ったのか。エックハルトは『24人の哲学者の書』を全編にわたって所有していたわけではなかったが，有名な第二の定義をはるかに超えて，彼の作品に取り上げてきた。そのことのうちにまた，彼が打ち込んできた主題とテーマがある。勿論，この書に捕らわれてきた人のなかでは，エックハルトが最初の人ではない。彼以前に，とりわけフランシスコ会士，トマス・フォン・ヨルク（1260年頃没）の『智

恵の書』が挙げられよう[1]。さらに,『24 人の哲学者の書』は 14 世紀になって衆目を集めた。そのことについても,私はいくらか追求したい。

エックハルトは, テキストをさまざまな題目をつけて引用している。彼はラテン語で『24 人の哲学者の書』(Liber viginti quattuor philosophorum) について語っていることもある。彼はドイツ語説教 9 において「24 人の師匠」と哲学者を呼んでいることもある。彼はこの書を時として, ヘルメス・トリスメギストゥスに帰しているし, 時々彼は, 個別的名をもった一つの格言をそこから引用し, それを賢者ないし権威の格言と呼んでいる。もし私が見過ごしていなかったら, 彼はいつも定義だけは引用するが, 決して古注は引用していない。おそらく彼が所持していたのは, 24 の答えだけが含まれており, その説明は含まれていない手稿だったのではないか。ところで, 彼が引用しているのは, 第 2 番目の定義であり, 「無限の球」という言い回しと, そのすでに存在していた形である「可知的球」であった[2]。

『24 人の哲学者の書』はエックハルトの作品のなかに広範に現れており, 高度な霊的力によって示されている。この書は, 三位一体哲学的に, 神的一性と無限性についての彼の概念を深化させたものなのだ。この書が示しているのは, 時間に縛られた「存在」(esse) と「超存在」との差異による存在概念の二重の把握だ。この書は, 彼に否

---

1) Thmas von York, Teiledition der ersten drei Propositiones durch Hudry.
2) Meister Eckhart, In Ioh. n. 604 LW III, S. 527; Sermo XLV n.458 LW IV, S. 379, 参照。

III　マイスター・エックハルトにおける『祝福の書』の神智学

定神学をさらに前進させるとともに，訂正する機会を与えた。この書は，全体性と生動性の深化した概念にむけて，彼を動かしてきた。彼がその概念から取ってきたのは，最大と最小についての教説であり，それは，宇宙論的なコンテクストをはるかに超えて，クザーヌスの一致の教説の哲学的発展を規定したものだった。この書は，エックハルトにとって重要なものであったが，この書への彼の働きは過大視すべきではない。エックハルトは多数の引用を好んだ。その際，彼にとっては，ギリシアないしアラビアの哲学者たちや，よりしばしば有名な中世の神学者たちも重要だったのだ。また顕著なのは，彼は説教 105 のように，すべての当代の師匠から距離を置いていたことである。彼にとっては，24 人の哲学者よりもより重要な影響を受けた哲学者たちがいた。それらはアリストテレス，アヴィケンナ，アヴェロエス，マイモニデス，アルベルトゥス，トマス，ディートリッヒ・フォン・フライベルクなどである[3]。しかしながら，24 の格言は，エックハルトの作品においては，信号のような働きをしていた。それらは進むべき方向を暗示し，神智学的思弁の雰囲気を造り上げていた。それは，スコラ学的な平均スタイルと異なるものであったが，エックハルトはこの書の思考を取り入れることができた。それらは彼に規範となる定式化を与えたが，彼はそれを使い，広げることができた。ヘルメス・トリスメギストゥスの威光は，彼に取っては好都合だった。そしてこれらすべてのことは，2 番目の定義に限られないのだ。

---

3) Sturlese (Hg.), Studi sulle fonti di Meister Eckhart.

2 根, 芽, 花

『ヨハネ福音書註解』において、エックハルトは次の命題を『イザヤ書』第11章から説明して言う。

「一つの芽がエッサイの根から立ち現れた。そして花がその根から咲くだろう。」

現代の解釈者なら、この命題をヘブライ語聖書からまったく違ったふうに解釈するだろう。しかしエックハルトはこの命題の三つの名詞、すなわち「根」,芽」,「花」を取り上げ、それらを三位一体的に説明する。すなわち、「根」は父であり、「芽」は子であり、「花」は聖霊である。そのような行き方は神学では普通のことだ。しかし、エックハルトは一息ついでから、さらに前進し、それに、ヘルメス・トリスメギストゥスの命題を関係づける。すなわち、「モナドはモナドを生む。そして自分の上に、その灼熱を反射させる。」その際、エックハルトは手稿本 Laon 412 とは異なるものを読んでいた。そして校訂版の「標準テキスト」には、「自分の上に一つの灼熱を反射させる」となっている。

エックハルトはイザヤ書の解釈にあたって、われわれの書を引用しているが、そのことによって第一の権威と並んで、第二の権威を打ち立てようとしたのではない。また彼は、ヘルメスと預言者たちのような人間の根源的智恵が、一致していることを単に証しようとしたのでもなかった。

III マイスター・エックハルトにおける『祝福の書』の神智学

彼は明らかなことを示そうとしただけだった。すなわち，第一の根底であり，すべての事物の原像である神においては，そこに父がおり，すべての存在の理想的統一としての子がそこにおり，その両者から生じてくる愛としての聖霊がそこにいるのだ。そしてこれら三つは一つなのだ。すなわち，一つの本質と一つの存在と一つの生命があるのだ。エックハルトはそれゆえに，命題Iをトマスにように，宇宙論的に解釈するのではなく，三位一体神学的に解釈するのであり，しかし同時に一般的に存在論的に解釈するのである。というのは，彼はさらに前進するからだ。すなわち，すべての被造物においては，多かれ少なかれ，神的なものを自分のうちに持っており，また神的なものの味がするのであるが，われわれは至るところで，上から下までの事物のうちに，そのすべての働き，ないしは産出に際して，父，子，愛というこの三性を見出すのである[4]。ヘルメス・トリスメギストゥスは聖書解釈をさらに進めて，その必然的な三つの要素からなるすべての出現の一般的哲学を打ち立てた。その要素とは，出現させる者と出現された者と，これら両者からなる愛である。エックハルトはこのことを，『ヨハネ註解』において，詳しく説明しているが，ここではこれ以上詳しく追求できない。ここで重要なのは，彼の解釈の類型と，その際，ヘルメスの果たした産出的役割である。すなわち，精神的創造と純粋に物体的創造において，エックハルトは，それらの像によって意図されている三一性を指し示すのだ。それらの像とは，根と芽と

---

4) Meister Eckhart, In Ioh.n. 164 LW III, S.135.

花である。エックハルトは最初の命題を引用し、そのことによって、すべての世界事物における三一性の一般的分析の推進力としたのだ。そのことによって彼は、すべての人に、聖書の格言が真理性において、世界についての真理性において、含んでいるものを明らかにしようとしたのだ。

3 超-存在としての神

エックハルトは、この書において、神についての彼の概念の重要な要素を見出した。彼はこれらの要素を、テキストにおいて見出したのみならず、これらの定義のなかに、彼の哲学的神学を再認識したのであり、以後もそれに依拠することになった、しかもまず第一に次の観点において。「神は存在ではなく、存在を超えている。」それは、定義 XI が説明しているとおりである。

注釈の説明によると、「存在は制限されてあることを意味する。このことはすべての存在に当てはまる。」あるものは、その存在によって自分とは異なるものを排除する。それゆえに、神は自分からは何ものも排除しないのであり、すべてのものを自分のうちに含むのだ。それは存在を超えている。エックハルトはこの思想を非常に重要なものと見なしていたので、彼はそれに説教 9 の大部分を捧げている。すなわち、そこで言われているのは、神は「存在」を超えているということなのだ。神が存在を超えているのは、天使が蚊を超えているようなものだと。エックハルトは、これにすこしの訂正を自分で加えて、次のように説明できた。すなわち、すべての時空の制約を受けている

III マイスター・エックハルトにおける『祝福の書』の神智学

存在は制限を含むと。天使もまた，他の存在を，特に悪魔を自分から排除するのではないか。エックハルトは彼の否定神学を前進させるために，「存在」(esse) と「超存在」(superesse) という概念の二重化を必要としたのだ。彼は議論を先鋭化して，神に存在を帰するのは，太陽を黒と呼ぶようなものだと言っている。根本的定義XVIは，神からすべての述語づけを排除している。というのは，すべての言明は，制限化であり，付加的な規定を含んでいるから。エックハルトはそれに賛意を示して，それを若干訂正して言う。神は名付けがたいのではなく，何とでも名付けられるものなのだと。エックハルトにとって，根本的な非類似性が問題なのではない，これは命題XVIが主張することであるが。彼の魂は最後には，テーゼXXIが示しているような暗さのうちにはもはやなかったのだ。

4　理性－「存在」より高度な視点

神は存在と無の対立を超えているのだ。このことは更なる帰結を招く。すなわち，神は自立的なのだ。神は時間的経験に依拠していないのだ。神はその認識において自分自身から生きている。このことは，格言XXが証している。それをエックハルトは同様にして説教9で引用している。「神は理性であり，神はそこで唯一自分自身の認識のなかで生きている。」エックハルトは神を自立的存在，純粋の存在と考える「粗野な師匠」たちから距離を開けるのだ。否，神は第一に理性なのだ。神を「純粋な存在」と呼ぶ人は，粗野な師匠にすぎないのだ。彼は前庭に佇んでおり，

神性の神殿には入らないのだ。これは理性にほかならない。これは『パリ討論集』第一討論におけるエックハルトの教説である。ここではすでに言われたように，もし君が神をこの意味において「存在」と呼ぼうとするなら，それは私には構わない。ここには，更なる発展過程への，おそらくまた視点の区別へのいかなる契機もない。そしてより重要なのは，視点の階層への契機である。われわれは神について言うことができる。神は，存在であると。そして同様にして言うことが出来る。神はそれに固有の対象である理性であると。このことはアリストテレスにおいても言われており，命題 XX はそのことを堅持する。しかしそれについて，はっきりさせておかなければならないのは，第二の視点がより高度であることである[5]。無限の一性は，存在と非存在の対立を超えているのだ。それは無への対立のなかで，存在を媒介にしているのだ。それは，格言 XIV が言っているとおりだが，エックハルトは『ヨハネ福音書註解』のなかで引用している。すなわち，神は無のなかで働く，そして世界を造る。そして人間の理性も神の像として，それに対応して無のなかで造ると。

5　自己関係 – 生命

われわれが，神を存在と考え，神が『出エジプト記』で自分について語っているように，「私はあるところの者である」ならば，定義 I がわれわれに対して，この「ある」

---

5) Meister Eckhart, Liber Parabolarumn 214 LW I, S.690.

III　マイスター・エックハルトにおける『祝福の書』の神智学

の重複の意味を説明している。すなわち，それは神の自己関係性を示しているのだ。神の存在は或る意味で自分自身へと回帰するのであり，そしていつも自分のうちに留まっているのだ。神は光であり，完全に自分自身を貫通しているのだ。それゆえに，神は生命であるとわれわれは理解するのだ。生命が意味するところは，自己拡張，生むこと，自分から出て行くこと，最小の部分に至るまでの完全な自己貫通である[6]。この書が無限の球をその多様な走りにおいて，生けるものとして示していることは，エックハルトにとって一つの魅力だった。そのことによって彼は，神を，「粗野な師匠」たちと同様に，「純粋の存在」と呼ぶことができたのだった。しかしこの存在は実体性の岩では決してなかったのであり，そのすべての部分において全体的にある，きらめき湧き出る生命にして全体性だったのだ。

6　無限性。最大と最小

神はすべての排除を自分から排除するので，無限である。境界のない球という比喩は，このことを言っている。エックハルトは定義IIを幾重にも引用している[7]。彼はその定義を，定義IIIとXVIIIによって補完し，拡張している。彼はそこから一連の帰結を引き出している。すなわち，神は最大のものにも，最小のものにも，すべての事物のうちで休らっているのだ。神は最大のもののうちに

---

6)　Meister Eckhart, In Exod. n.16 LW II, S. 21-22.
7)　Meister Eckhart, Sermo paschalis n.1 LW V, S.137, その他を参照。

101

神とは何か

も,最小のもののうちにも,休らっているのだ。神は完全な自己貫通のうちで生きているのだ。すなわち,神は非分割的であり,神があるところのすべてのものとともに,全体的なものとして,働くのだ。神はそのすべての要素において,全体的にあるのだ。それはテーゼ III が言うとおりである[8]。無限の精神の持つすべてのパラドックスはそこから生じる。すなわち,神にとっては,その最も僅かな働きも,その最大の働きのように大きいものなのだ。神はすべての理念の統一性であり,しかも等しくない事物の理念は,神においてはすべからく等しいのだ。神は最小のものにおいても最大であり,これはクザーヌスにとって最も重要な教説となったものである[9]。

万有球においては,すべてのものはすべてのもののうちにあるのだ。アリストテレスのカテゴリー論が自立的なものとして記述しているもの(usia, substantia)は,神においては,一つの性質のようなものである。命題 VI から帰結するように,いわゆる実体の性質は,無なのだ[10]。エックハルトは 6 番目の定義をそれに対して置いている。それによると,すべての被造物は,無限の一性に比較すれば,純粋の無なのだ。

---

[8] Meister Eckhart, In Gen. n.155 LW I, S.305.

[9] Meister Eckhart, In Eccl. n.20 LW II, S. 248.

[10] Meister Eckhart, In Sap. n. 90 LW II, S. 423-424.

III マイスター・エックハルトにおける『祝福の書』の神智学

7 生の教説

　エックハルトにとって特徴的なのは，特に『智恵の書』n. 90 が示しているように，彼は，これらの形而上学的思想を倫理的なものにまで拡張していることだ。すなわち，われわれにとって現実的で善きものとして映るものを，われわれは無のようなものとして認識することを学ばなくてはならないのだ。エックハルトはそれゆえに，テーゼ II から，ただ単にクザーヌス，ブルーノ，ハーマン，シェリング，ヘーゲルの諸成果と一致する理念を取ってきたのみならず，彼の形而上学と倫理学をそのうちに見出したのである。

　ところで，この書は単なる抽象的な形而上学ないし存在論的神学では確かになかった。それは生の教説なのだ。すでにその神の規定の第一が，愛の灼熱について語っているのだ。定義 VIII によれば，神が愛されるほど，それだけ歓びも大きくなるのだ。エックハルトはテーゼの草稿を手元において，校訂版の「いっそう隠れる」の代わりに，「いっそう喜ばしい」と読んだのだ。このテーゼの注釈は無限の存在性との結合について語っているのだが，エックハルトは知らなかったかも知れない。しかし彼は，アリストテレスの知性論と絶えず増える愛についてのアウグスティヌスの格言を，命題 VIII と結合することによって，自分でそのようなコンテクストを造り上げたのである。知的世界も一つの世界であり，その本性のうちに上昇が，したがって無限性があるのだ。感覚器官があまりにも明るい

103

神とは何か

か,うるさい対象によっては,疲れてしまい,最後には破壊されてしまうように,もし知性がたえず大きくなる対象を,たえずしばしば考察するならば,それは知性にとっては,強すぎる刺激である。知性はよりいっそう偉大な内容によって養われるのだ。それはそれらの内容を食し,常にそれらへのいや増す飢餓を覚えているのだ。そしてこれがこの『祝福の書』の8番目の神の定義の意味なのだ[11]。

　この書は,「神の似像」としての知性の哲学を含んではいない。それはまた,神の子性については,何も語っていない。したがってそれはまた,エックハルトの思考の或る側面に導くだけである。神の定義 XII を,この書は同化できたかも知れない。しかしそれはその神の定義を決して引用しない。それは,4世紀以来,正当とされた三位一体論を含んでいるが,神の意志の側から考えられたものである。エックハルトは多分読まなかった古注は,彼の賛意をほとんど得られなかったであろう。しかしそれは,人間精神の神の似像を意志のうちに基礎づけており,アリストテレス的知性論やアウグスティヌス的精神論など必要としなかったのだ。それはまた,命題 XVI を解釈することを弁えていたのだ。その命題の教えるところによれば,神は言語的にも,思想的にも規定不可能であり,一面的に知性と無限の神性との間の非類似性を強調する。その命題は,エックハルトが度外視していた『原因論』,その根本的形態における否定神学と協調するのだが,しかしすでに言われたように,エックハルトはそれを訂正する。すなわち,

---

11) Meister Eckhart, In Exod. n.51 LW II, S. 279-280.

III　マイスター・エックハルトにおける『祝福の書』の神智学

神は名付けられないのではなく、何とでも名付けられるものなのだ[12]。神は無限であるから、分離に依拠している人間の言葉は届かないのだ。エックハルトは、ドイツ語説教で、次のように教えた師匠に賛成しつつ、引用している。すなわち、何か一定のものを認識した人は、神を認識したのではないと。

8　エックハルト以後の時代、ベルトールト・フォン・モースブルク

エックハルトの断罪（1329）以降、24人の哲学者に関していまだ始まるべきだったことをベルトールト・フォン・モースブルク（1361年以降没）が明らかにする。ギリシアの哲学者だったプロクロスの『神学綱要』への彼の巨人的な注釈は、古代から中世にまたがる新プラトン主義的テキストの目録を作成しているが、同時に24人の命題に対して、紙幅を割いている。ベルトールトはこの書をヘルメス・トリスメギストゥスの作品だと見なしていたが、彼はただ単に定義のみならず、エックハルトと異なって、古注をも引用した[13]。エックハルトへのケルンの教授たちの知的にして制度的な関係は、証明されているし、同じくエックハルトに対するクザーヌスの関心も明らかになっている。さらにまた、ベルトールトの浩瀚な書物へのいまだ進行中の出版は、「中世ドイツ哲学者叢書」（Corpus

---

12)　Meister Eckhart, In Exod. n.35 LW II, S.41-42.

13)　例えば、Berthold von Moosburg, Expositio propositio 21 F, Corpus VI, 2, hrsg. von L. Sturlese, S. 86, 374, S. 87, 388, 参照。

Philosophorum Teutonicorum Medii Aevi) において，このことに関して二三の新しい指示を与えることができよう。

ベルトールトの作品は，1223年から1261年の間に書かれたようである[14]。精神風土は，エックハルトの断罪以降，変化していた。ベルトールトはプロクロスの哲学を推進していた。しかしプロクロスとその注釈者としての彼は，アウグスティヌスが自然的摂理の領域と呼んでいたものへ専念すると彼が説明したことによって[15]，啓示神学に反対する要求を救うことに成功した。そのことによって彼は，神の救済行為と奇跡行為に対して，固有の領域を，すなわち神の意志決定の領域を認めていた。ただ彼の説明によると，彼はそのことには関わらなかった。ディートリッヒ・フォン・フライベルクは，アルベルトゥスの意味で自立的な哲学研究を樹立するために，アウグスティヌスと区別することを打ち立てた。そのことによって彼は，ベルトールトが要求していた方法論的に分離した保護空間を作り出したのである。このような確保のうちには，『24人の哲学者の書』が予見していなかった制限もまたあった。その書のなかでは，哲学者たちが三つの形をした存在性について，語っていた。そして啓示神学者たちが，その三位一体的言明によって，理性的な仕方でのみ考ええたことを手短にまとめ上げることを考えていた。彼らはペルソナ概念を消去

---

14) （訳注）Berthold が 1361 年以降に没したという記述はほぼ確実であると見なされるから、ここの記述は不可解である。しかしここでは原文どおりに訳しておく。

15) Berthold von Moosburg, Expositio propositio 3 B, Corpus VI 1, S. 53, 15-20.

III マイスター・エックハルトにおける『祝福の書』の神智学

し，三という数の特徴を解釈していた。

ベルトールトは，入門的にプロクロスの書の対象を紹介していた。すなわち，それは神的事物の総体性を扱っているのである。またそれは，最高善から出て，最高善へ帰ることも探求していた。この哲学は一性的に考えられた主体を持っている。すなわち，それは最高善とそれに帰属するものなのだ。それが諸事物について扱うのは，その本性とその自然的性質についてであり，しかもいつもその第一の根拠についてであった。この第一の根拠に，何が帰属すべきか，ということは，類比的述語づけについてのアヴェロエスの理論が説明している。すなわち，最高善はすべてのものの根拠，目的，担い手であると。これがどういうことかということは，ベルトールトは哲学者たちの命題 VII と VI によって説明している。すなわち，神はただ単に「原理のない原理，変化のない出現，目的のない目的」ではなく，トリスメギストゥスの規則 VI にしたがって，神への実体の関係は，付帯性の実体への関係と等しいのだ[16]。

複雑な構造は明快な結果を伴う。すなわち，ベルトールトの書には，アルベルトゥスによって要求された哲学的作業の自立性が息づいているのだ。これが神について扱うのは，ただ単に諸事物の根拠にして目的としてではなく，唯一現実的な善だからだ。ディートリッヒにおいて妥当するのは，トマスの類比論ではなく，アルベルトゥスの帰属の理論なのだ。事物は，神に注目してのみ，善く，しかも存

---

16) Berthold von Moosburg, Expositio, tit. I, Corpus VI 1, S. 46, 319-355.

在的なのだ。事物自身のなかには，善と存在はない。それは，ちょうど健康が薬のうちにないのと同様なのだ。アリストテレスもアヴェロエスも帰属の教説を唱えており，それを付帯性の理論の上に立ち上げた。ディートリッヒは彼らに従い，ベルトールトはこの理論を，われわれの哲学者たちのテーゼⅥのうちに見出した。すなわち，実体は神の性質として現れるのであり，性質は無として現れるのである。

　見て分かるとおり，どんなに伝承状態が複雑になっているかということであり，どんなにベルトールトは優美にそのなかに動いていたかということである。そして彼は，教団の内部で非トマス的思考のために余地を作り出したのである。それらはすべて，対立する規則に抗してであった。彼は，アウグスティヌス『創世記逐語解』第8巻の解釈に際して，ディートリッヒの構想にそって動いていたばかりではなく，類比論の非トマス的理解をアヴェロエスに依拠していたのであり，その上それは，24人の哲学者の命題Ⅵ, Ⅶとの一致を示しているのだ。彼は，これらの諸権威の演奏のなかで，さらに一つの声を付け加えたのであり，それは，彼が史的にも正しいことだが，ユダヤの哲学者アヴィケブロンとの一致を引き合いに出すことによってであった[17]。これらの哲学者の一致した古典的な声の効果は，神は一，善，存在であった。アリストテレスの実体存在論は，哲学の二次的ではあるが，無論不可欠な要素にま

---

17) Berthold von Moosburg, Expositio, tit. I, Corpus VI 1, S. 47, 338-339.

III マイスター・エックハルトにおける『祝福の書』の神智学

で引き下げられていた。このような神の理論の説明によると、それは哲学であって、信仰論ではないということだった。ベルトルートはエックハルトの断罪以降の重い制約の下で、エックハルトの意図を前進させたのだ。そのために彼は、トリスメギストゥスの権威を必要としたのだ。彼は、その著を24人の哲学者を経て、「規則」のシステムとして理解していた。彼はまたそれらを「トリスメギストゥスの規則」として引用していた[18]。他の14世紀の著作者たち、例えば、トマス・ブラッドワーダインのように、彼は公理的に整えられた学問の理想を追求し、テキストのなかに、たえずこのような構成を思い起こした。それは彼が命題を数え上げ、数でもってそれらを参照するようにしていたことによるのである。

数でもって把握する傾向は、14世紀のその他のテキストにも見られる。もし11世紀に、記録者が橋の建築について語るなら、彼は場所と建築主のみを告げればよい。14世紀では、われわれが普通経験することは、橋の長さはどれ位か、それを建てるのに何か月かかるか、さらにまた、価格は総計いくらかといったものである。このような数で数えることへの関心は、トマスにもエックハルトにも馴染みのないものだった。今やそのようなことは、学問において顕著になった。ベルトルートは、そのような数による報知を使った。というのは、彼は、哲学を組織的に規則による仕事として、示そうとしていたからである。プロクロスとボエティウスは、その模範を示していた。それに続

---

18) Berthold von Moosburg, Expositio, prop. 12 E, VI, S. 202, 196.

いて『24人の哲学者の書』が善き模範となった。というのは，ベルトルートは，この書を神学における哲学的な方法規則の集成と受け取っていたからである。「神はモナスである」とはすなわち，神のみがすべての一性を根拠づける唯一の一性であるのだ。たとえ派生的なさまざまな一性があろうとも，神は唯一の現実的一性なのだ[19]。もしエックハルトの断罪以降に，もう一度「存在は神である」（Esse est Deus）と語ろうとするなら，いわゆるヘルメスの命題 VI を引用するのが最上なのだ。ベルトルートはこのことをたえず繰り返して行った[20]。三位一体哲学を守るために，彼は格言 I を引用した[21]。神は，確かにまた至高の存在として名付けることができるのであるが，しかしさらに深い考察をすれば，存在の彼方にあると思考すべきであるという，このエックハルト新プラトン主義的位置を，ベルトルートは，トリスメギストゥスの格言 XI によって擁護した[22]。有名なテーゼ II は，ベルトルートもまた，エックハルトと同様に，「可知的球」という言い回しで何度も引用しているものであるが，ベルトルートは，神はすべてを包括するのだというように，第一次的に形而上学的神学の意味で理解しており，宇宙論的意味では理解していない[23]。

---

19) Berthold von Moosburg, Expositio, prop. 21 D, Corpus VI 1, S. 83, 258-259.

20) Berthold von Moosburg, Expositio, prop. 2 B, S. 84, 69-77.

21) Berthold von Moosburg, Expositio, prop. 21 F, Corpus VI 2, S. 86, 121-349.

22) Berthold von Moosburg, Expositio, prop. 12 E, S. 203, 208-209.

23) Berthold von Moosburg, Expositio, prop. 23 I, Corpus VI 2, S.121,349.

III マイスター・エックハルトにおける『祝福の書』の神智学

そのテーゼの言う意味は,ベルトルートによれば,最高の存在はすべてのものの「なかに」あり,すべての一性と善存在のうちに基礎づけられている。神はすべてのもののなかにあるが,しかし神はそのなかには含まれていない。神はすべてのものの「外側に」あるのだが,何ものによっても排除されていない。神は,その基礎づけの力によってすべてのものを「超えて」あり,すべてのものを担うことによってすべてのものの「下に」あるのだ。格言 II はベルトルートにおいては,思弁神学に属する[24]。ベルトルートにとって明瞭だったのは,哲学者たちが神とは何かという問いに答えようとしたことだった。命題,神「から」,神の「うちに」,神に「よって」——これは命題 XXII の三つの響きであるが——,それらが理解していたのは,ベルトルートの言うところによれば,神はただ単に,世界の作用因や目的因ではなく,世界の形相因でもあるということだった[25]。同時にそこから三つの形をした存在性の哲学が生じるのだ[26]。同時にそこからトリスメギストゥスの著作『神々のなかの神について』が重要なのだが,ベルトルートはテーゼ VII を引用している。すなわち,神は原理のない原理,変化のない出現,目的のない目的なのだ。彼は好んで古注も利用した。彼は XVI の言語論と認識論と,XXIII の「無知」のテーゼを区分し,その両者をディオニ

---

24) Berthold von Moosburg, Expositio, prop. 98 prob. VI 4, S. 195, 144-158.

25) Berthold von Moosburg, Expositio, prop. 178 E, Corpus VI 7, S. 196, 258-263.

26) Berthold von Moosburg, Expositio, prop. 126 A, B.

神とは何か

シウスの教説と結合した[27]。同様に,ベルトルートは格言 XV の生の哲学とディオニシウスの教説とを結合した[28]。魂は結局のところ,闇に留まるという厳しい命題 XVIII は,私の知るかぎり,エックハルトもいつも避けていたものであるが,そのような命題をまえにしても,ベルトルートは怯むことがなかった[29]。彼は哲学者たちを褒めていたが,それは,神は神に属するすべてのもののうちに,全体的にあるという洞察のためだった[30]。彼はその洞察力を神的にあるすべてのもののうちへと広げた[31]。その完全な現在によって,エックハルトは事実上,哲学的洞察として「神の誕生」の教説を発展させたのだ。

---

27) Berthold von Moosburg, Expositio, prop. 123 K, 123 I.

28) Berthold von Moosburg, Expositio, prop. 188 B.

29) Berthold von Moosburg, Expositio, prop. 123 M.

30) Berthold von Moosburg, Expositio, prop. 98 prob. VI 4, S. 197,224.

31) テーゼ III の詳しい説明は下記を参照. Berthold von Moosburg, Expositio, prop. 136 A.

IV
単に定義IIだけではなく，
トマス・ブラッドワーダイン

　トマス・ブラッドワーダインは神学者，数学者，哲学者であった。彼は，運動と連続体の現象の自然哲学的探究を行った。彼に関心があったのは，それらの数学化であった。彼は1325年から1335年までオックスフォードのマートン・カレッジで教えた。その後，彼は，ロンドンのセント・ポール・カテドラルにおいて，司教座主任を務める傍ら，エドューアードIIIの顧問官だった。彼は，1349年にカンタベリーの大司教の選挙の後，ほどなくしてペストのために亡くなった。1344年に，7年間の仕事の後，彼の巨人的作品である『ペラギウスに抗して，神について』を終えた[1]。タイトルが示しているように，彼はアウグスティヌスを擁護しようとした。具体的には，そのペラギウスに向けられた恩寵論を擁護した。それは，彼がすべてを規定する神の原因性を証明することによってであった。このことは退行に一致する。つまり，要するに，9世紀以来，特にアベラール以降の神学者たちは，アウグスティヌスの恩

---

1) Thomas Bradwardine, De causa Dei contra Pelagium, hrsg. von H. Savilius, London 1618.

寵論を，多かれ少なかれ，尊敬しつつも遠ざけ，改変したのだ。それは自立的経験と自由意識と一致できなくなっていた。それらは，11世紀の終わり以来，現実の歴史的理由から発展してきたものだった。ブラッドワーダインはアウグスティヌスの恩寵論に戻ろうとした。しかしそのためには，彼は革新力を証明しなくてはならなかった。そしてそのために彼に役立ったのは，まず第一に，『24人の哲学者の書』であった。ブラッドワーダインは，彼の作品の冒頭に定義Vの公理を置いた。すなわち，神はそれを超えてより完全なものは，考えられないものなのだ。彼は，格言Vをことさらにヘルメスに帰することはなかったが，偽アリストテレスの著作『世界について』からボエティウスとアンセルムスに至る広い道を知っていた。彼は同様にして，第二の命題においてこの原理は明らかに証明することができると説明している。彼はその際，聖書のことは考えることなく，ヘルメスとも呼ばれるヘルモゲネスに依拠している。それは哲学の父，三倍偉大な哲学者，エジプトの王であった[2]。

　ブラッドワーダインが言うのには，彼は一人で，厳格な「アウグスティヌス主義」を擁護した。それは，その原罪論，恩寵論，予定説，洗礼を受けていない者に対する地獄であった。すべての人がアウグスティヌスの名を口にしていた。しかし彼の発見したところでは，アウグスティヌスのキリスト教はもはやまったく生きてはいないということだった。『ペラギウスに抗して，神について』によってブ

---

2) Thomas Bradwardine, De causa Dei, Liber I c. 1, S. 1.

Ⅳ 単に定義Ⅱだけではなく，トマス・ブラッドワーダイン

ラッドワーダインは，自分の世紀に見切りをつけた。彼はそれを裁判にかけたのである。この裁判の比喩を彼は意図的に使った。彼は神の権利をペラギウス主義者に抗して擁護しようとした。そして世界がペラギウス主義者に満ちていることを見て取った。彼の説明によれば，彼は哲学の研究の際には，ペラギウス主義者になった。もし神学の講義において，言葉がこの領域に向かったときには，「私には，真理はペラギウスの側にあるように思えた。哲学者たちの学校においては，決して恩寵について何か聞くということはなかった。精々のところ，この言葉を比喩的意味で聞いていた。しかし私が一日中聞いていたのは，われわれは，自分の自由な行為の主であるということであり，善く，ないし悪しく行為する，徳ないし悪徳を持つというのは，われわれの力のなかにあるということだった。そして私が教会において，時として使徒パウロの，恩寵を高く持ち上げ，自由意志を蔑む——例えば，ローマ書の第9章がそうであるが——朗読を聞いたとき，私は恩寵に対しては，感謝できないのだから，これは私にとって不興だった」[3]。

これは，14世紀の初頭における若き哲学徒の珍しい告白である。彼は教会においてローマ書の言葉を聞いたが，それは哲学講義と対立するものだった。ブラッドワーダインは，この分裂を根本的に終わらそうと考え，キリスト教の氾濫に対して，哲学による神学的反動を試みた。このように，ゴードン・レフ『懐疑主義への信仰の答え』（オッ

---

3) Thomas Bradwardine, De causa Dei, I c. 35, S. 309 A.

カム）なる書を解釈している[4]。

　ブラッドワーダインは、哲学的伝統に対する彼の反哲学と解されるかも知れないことを知っていた。それゆえに、彼は反哲学的神学者に対して、先に引用した箇所の二三行後で、次のように言っている。多くの「現代の」哲学者はペラギウス主義者だ、ペラギウスの見解が多くの人にとってより理性的なものと映るのだと。しかしもし彼らが実際に哲学思索しようとするなら、彼らはこの見解を哲学的に反駁しようとしなければならない[5]。

　ブラッドワーダインの独創性は、アウグスティヌスの教義学的立場の受容にあるのではなく、その哲学的な再構築と反駁的な現代化にある。哲学的再構築に関しては、それは――まったくアウグスティヌス的ではないが――方法論的に厳密に行われるべきであろう。それは、神の全原因性を唯一の哲学的伝統から明らかにすべきであろう。ブラッドワーダインは、「教義の権威」（レフ）ではなく、数学的に訓練された、方法論的に進行する理性を、当代の誤謬に対して、対立させた。彼は、自分の著作を第一根拠についての教説でもって始めている。第一根拠については、すべての述語が妥当すべきであろう。そしてそれらの述語は、第一根拠を最高善として思考せしめるのである。つまり、それを超えてより善きものは考えることができないものとして。ブラッドワーダインはそのためにまず第一に、ヘルメス、ボエティウス、アンセルムスを引用した。

---

4) Leff, Thomas Bradwardine's De causa Dei , S. 21-29, 参照。

5) Thomas Bradwardine, De causa Dei I c. 35, S. 309 A.

IV 単に定義IIだけではなく，トマス・ブラッドワーダイン

トマスではなく，アンセルムスは彼の方法論上の模範であった。こうして，『ペラギウスに抗して，神について』は14世紀の『モノロギオン』になったが，それは厳密に方法論的な神の思想であった。これが，今日の狭義での神学とどれほどかけ離れていたかということは，テキスト全体が証している。確かに権威は出てくるが，それは，ブラッドワーダインがアンセルムス「以前の」哲学者から引用していたものであった。すでに言われたように，それは，まず「ヘルメス，哲学者の父」，「哲学者にして預言者」であった。

さらにブラッドワーダインはいつもアンセルムス以前では，アリストテレスとボエティウスを引用している。彼は，たとえアウグスティヌス的にしてキリスト教的恩寵論を語っているとしても，24人の哲学者のように，一つの哲学的構想を持っていた。アンセルムスの『モノロギオン』第15章にしたがって，彼は方法論的規則を定式化した。第一の根拠にとって，考えられる最上のものとして帰属するすべての述語は，第一の根拠に与えられて然るべきだった。経験的で，それゆえいつも抗弁の余地がある神の証明ではなく，このような演繹的規則によって——それは『24人の哲学者の書』の定義Vと共鳴するのだが——，ブラッドワーダインは自分の哲学的神学を打ち立てた。それはアプリオリでなくてはならなかった。そのことによって，それはただ単に，ペラギウス主義だけではなく，すべての異端を哲学的に論駁できるのだった。『24人の哲学者の書』の第五定義は，ブラッドワーダインが信仰論の個々の言明を吟味していた主要前提に当たる。彼は例えば，ア

ヴェロエス主義者に次のように聞く。善人には個人的報償を帰し、悪人には、個人的罰を与えるような神は、個々人のことに関わる神よりも、よりいっそう善いと見なさなくてはならないのではないかと。この種の議論によって彼は懐疑に導こうとし、ユダヤ人には、キリスト教の真理であることを証明しようとした。アウグスティヌス的恩寵の厳密な形態も——善人と悪人の予定説も——、それを超えてより完全なものは考えられないような存在の第一仮定の論理的帰結であらねばならなかった。ブラッドワーダインは時として、哲学者たちの限界も思い起こした。すなわち、彼らは神も自然もその根底に至るまでは知らないと[6]。

しかしそのことによって、彼は哲学一般から遠ざかることはなかった。彼はよりいっそう改善された哲学、キリスト教の教説のアプリオリな弁証論を提案した。すでに彼は、哲学は神を認識できないという見解にまったく与することはなかったからである。

ゴードン・レフはこの見解を提案することができた。それはすでに最初の行によって——いわんや、作品全体の公理的体系によっては——反駁されるものであるが、彼が示しているのは、思考の歴史は、中世の研究において、宗教改革の先駆者たちを検討しようとする人を容易に欺くということだった[7]。ブラッドワーダインの主要作品は、キリスト教教義学の哲学的諸前提を厳密に組織的に照らし出すものであった。それは学校的な「スコラ学的」な形式で書

---

6) Thomas Bradwardine, De causa Dei I 1, S. 27B.

7) Leff, Thomas Bradwardine's De causa Dei, S. 21-29, 参照.

IV 単に定義IIだけではなく,トマス・ブラッドワーダイン

かれていなかった。それは個人的作品であり,マートン学寮の関心のある人々に宛てられたものであった。彼の厳格な体系は,13世紀の大全をはるかに凌ぐものであった。

同時に,このキリスト教的哲学は人類の文化的伝承の持つ豊かさ全体を,うちに蔵するものだった。そこから,ヘルメスと24人の哲学者の無限に多くの引用と役割が生じた。個人的になされた対決において,彼は伝説的な著作者たち,例えば,アリストテレスとアヴェロエスを当代の議論に引き込んだ。歴史的素材,例えば,イギリスの歴史からのそれも,時として見られる。ブラッドワーダインの地平は,室内学者のそれではなく,偉大な政治の活動家,数学者,詩の友のそれだった。彼の作品の要求することは,単なる神学史的な考察や純粋に宇宙論的な考察を克服し,愚かな二者択一を投げ捨てることであった。ブラッドワーダインは,根本的に伝統とは断絶し,伝統的な教義学を反復するだけなのには耐えられなかった。彼に特徴的なことは,クレーシーの戦闘(1346)の勝利の説教においてさえ,政治家や軍人をまえにして,ヘルメスを「哲学者の父」として引用することを許さなかったことである。哲学と神学の収束点としての神の全原因性についてのヘルメスの教説を提示することは,彼の課題であった。このようにして,『ペラギウスに抗して,神について』によって,中世の哲学と神学の最も独創的な作品の一つが成立したのである。

同時に,この本は哲学的伝統の真の大全である。その点において,この本はベルトールトのプロクロスによる『神学綱要への注釈』に肩を並べるものだった。このベルトールトの本とブラッドワーダインの本は,ベルトールトが

神とは何か

1315年に勉強していた，この時期におけるオックスフォードにおける若干の成立事情を共有していたのであるが，ベルトールトに比して，ブラッドワーダインの本は哲学と神学の方法論的区別という点において区別されるものだった。彼の『ペラギウスに抗して，神について』は，今日でもクザーヌスの図書館にある。クザーヌスが，定義XXIIIの引用としてそのなかに読むことができたのは，「神はただ無知によってのみ精神的に認識される」ということだった。

ブラッドワーダインは，単に無限の球の有名な比喩のみならず，『24人の哲学者の書』を全編にわたって利用した。彼の構想は方法論的なものだった。確かに，広範に把握されたアウグスティヌス主義の弁証論ではあったが，公理的説明を採用していた。それゆえ，彼は命題Vに特権を与えなくてはならなかった。定義IIに対する彼の解釈は重要なものであり，多方面に影響を与えた。それは，神の球の無限性を空間の無限性へと移行させた。このことは彼にとってのみならず，われわれにとって組織的に重要ではない箇所で行われたのではなかった。すなわち，神の全能はすべてを包括するが，矛盾するものに対しては，何もできなかったのだ。それゆえ，もし神が世界を造るなら，神は至るところに現前していなくてはならないし，しかも至るところで分割されざるものとして現前していなくてはならない。もし神が他の場所で世界を造ることができるなら，神はまたその場所で現前していなくてはならないだろう。無限の空間はそれゆえ，そのように存立している世界を超えて思考されねばならない，たとえそのようなものは，実

120

IV　単に定義IIだけではなく，トマス・ブラッドワーダイン

際は存在していなくても。ブラッドワーダインは，多数の宇宙論的議論を引き起こした。これらの経緯については，マーンケ，コイレ，ユルディ，ルチェンティーニが包括的に明らかにしている。しかし『24人の哲学者の書』に関する彼の関心は，彼の全構想に基づいていたのであり，一連のテーマを包括していた。彼は，学校的アリストテレス的狭隘さから抜け出るために，24人の思索者を必要とした。彼らは新プラトン主義的定式化を提供した。それは人類の智恵と一致するものであった。例えば，24の命題の機能をブラッドワーダインの作品のなかで説明すると，彼が自分の作品を始めるのは，ヘルメスから，アリストテレスの『天と地』から，ボエティウスと『24人の哲学者の書』の定義Vから，すべての次の証明のための出発点にすることによってであった。すなわち，いかなるものも神よりもいっそう善きものは考えることができない。彼は，この前提にすべての言われたことを依拠しているのであり，恩寵論的な対決のさなかにおいて，これが彼の尺度であることを想起するのである。

　テーゼXIは神の絶対的な自己充足性を確証している。

　彼は神的意志がすべてを支配していることを証明しようとする。そのために彼は，エックハルトが決して使わなかった定義XIIを引用している。

　否定神学を弁護するために，彼は，無知の主題に関して，格言XVIとXXIIIに依拠している。

　三位一体神学の古典的定式化——「それから」，「それによって」，「それのうちにおいて」——を，彼は，命題XXIIによって証明している。

神とは何か

　キリスト教以前の思索者の三位一体哲学に対する証言として，彼は定義IとVIIに依拠している。

　神は自ら動かないで，すべてのものを動かす。これは，定義XIXが言っていることであるが，アヴィケンナ，アルガゼル，アムモニウス，アヴェロエス，および多くの他の哲学者たちと一致する。

　証明を遂行するこの段階においては，今や初めてブラッドワーダインは，彼の有名になった空間理論を提出する。すなわち，神は至るところにある，もし神がその全能の力によって世界を他の場所に置くことができるとするなら，神はその場所でも現前していると考えなくてはならない，その無限なものと表象される地位によって。このことをブラッドワーダインは定義II, X, XVIIIによって帰結する。彼はそのことによって，現実に存在する空虚を論駁したアリストテレス主義者たちに抗して，物体のない空虚は確かに存在しうるが，神が存在しない空虚は決してないことを証明する。

　彼は格言IXを利用したが，それはボエティウスに依拠して，永遠についての彼の構想をさらに発展させるためだった。

　例が示すように，24人の哲学者は，ブラッドワーダインの主要な源泉ではなかった。彼らはそれではありえなかった。というのは，当時支配的なペラギウス主義の批判と後期アウグスティヌスの再生が重要だったからである。ブラッドワーダインはすべての古い伝統を提示した。それには，キリスト教的伝統もあれば，異教徒的伝統もあり，神学的伝統もあれば，哲学的伝統もあり，詩的伝統もあっ

IV　単に定義IIだけではなく，トマス・ブラッドワーダイン

た。すべてそれは，ペラギウス主義の誤った教説が，当代の1344年に猖獗を極めたペストに抗してであった。

ブラッドワーダインの意図は，哲学と神学を厳密なアウグスティヌス主義のために再び結合することにあったが，それはまた，彼の歴史的考察をも養った。それによると，「智恵」は，カルデア人に由来するのだった。ブラッドワーダインはアブラハムを，二三千冊の本を書いた作家と見なしていたが，アブラハムは智恵をエジプトにもたらしたのだった。ヘルメスはエジプト王だったが，智恵をすべて把握していたのだが，そのヘルメスから，モーセも哲学者たちも智恵を得ていたのだった。ヘルメスの智恵はすべてを包括していた。それは唯一の原理からして世界の根源，自然と人間の作品におけるその現前と予めの働き，しまいには，人間と改めて和解した新しい地球への見通しを包括していたのだった。

パウロとアウグスティヌス的恩寵論がブラッドワーダインの判断によれば，14世紀にはほとんど消えてしまっていたことは，彼によれば，ヘルメス的哲学，したがってすべての哲学の原理の誤認と関係しているのである。ブラッドワーダインはしばしば1277年の断罪を想起した。彼はすべての形態の異教の自然主義に反対して，哲学と神学の共通の洞察，世界の唯一の根拠がすべてのものにおいてすべてを生じせしめているということを喧伝した。彼はこの見解の「哲学的」根源を強調した。すなわち，「哲学者が神学者同様に知っていることは，神が造ったすべての被造物は，いつもその存在において神に，依存しているということであり，その神はそれを必然的に維持しているという

123

ことである。同様の仕方で，被造物はその行為において，神に依存しており，というのは，自分からしては，被造物は神なしに何らかのことをなすことができないからである。それというのも，神は特別の仕方で共に働いているからであり，そればかりか，根本的な仕方で予め働いているからである。」

これはアウグスティヌス的にして教会的教義の単なる反復ではない。そしてブラッドワーダインが，よく言われるように，「決定論」を喧伝したかどうかということは，彼の著作2巻と3巻の立ち入った研究のみが決定することができる。概して言えば，彼の著作には，真の哲学は真の宗教である見解が根底にあるのだ。

これは，確かに「聖トマスの教説を墨守する」ものではないし，いわんや，神認識の領域からの哲学の追放を意味するものではない。それはヘルメス的，プラトン的なのだ。それは，「第一の者」からの強調された概念から生じるのであり，その者はこの哲学に適合し，アリストテレスにも疎遠ではなかった。ブラッドワーダインよりも，よりいっそう自由で適切な関係は，中世では見出すのが難しい。アリストテレス主義のさまざまな欠如は，彼の場合，明白だった。1277年の断罪とスコトゥスと他の人々の抗弁は，彼の眼前に彷彿としていた。

しかしブラッドワーダインは，アリストテレスをヘルメス的プラトン的な全伝統のなかに置いていた。彼は，アリストテレスのプラトン批判を非難していた。すでにカルキディウスとエウストラティウスは，このアリストテレスによる師に向けた非難は，不適切であることを示していた。

IV 単に定義IIだけではなく,トマス・ブラッドワーダイン

　ブラッドワーダインは,他の人の,すなわちプラトン化したアリストテレスの像を描くために,偽アリストテレスの著書『秘儀中の秘儀』に依拠した。そして彼は,時折,言うことができた。「ヘルメスは哲学者の父であり,アリストテレスはその息子である。」

　『ペラギウスに抗して,神について』第1巻第2章の,根拠と根拠づけられたものの関係のためのプラトン化した公理の大きな集成において,ブラッドワーダインはそれゆえ,単にアウグスティヌス的哲学とアラビア哲学の命題を引用しているだけではなく,プロクロス(とりわけ『神学綱要』の第1章)の他に,アリストテレスの原則である,すべての多は一を通してのみ存在するのであり,働くのであるということを挙げている。

　ブラッドワーダインは,階層的に段階づけられた中間の批判基準のさまざまな多様性が色なす彼の歴史的世界において,彼の神を絶対的な世界君主として打ち立てた。彼は,神を暴君と考えることに抗議した。例えば,「私はそのように命令するので,そのように私はそれを意志するのである。根拠づけの代わりに,私の意志が重要なのだ」という具合に。彼の見るところでは,13世紀の神学は,早期市民の精神性によって圧倒的に支配されており,それはまた,彼岸の人間の宿命を勘定し,契約のときのように予め明らかにしようとするものであった。そのような精神性に対して,あらゆる種類の功徳に対する彼の非難は険しいものがあった。彼はそのことを厳格に言っている。すなわち,アウグスティヌスを弱体化しようとすることは,首尾一貫しない思考であり,恩寵を買おうとする商人根性から

125

神とは何か

出ているのだと[8]。

ブラッドワーダインの恩寵哲学は、自立的な中間批判基準と商人根性の理論的弁護者に対する、それにとって本質的な駁論とともに、後期中世世界の限界を示している。それは、思弁神学の形態において、生の階層化と小国主義と教会の金銭業務を超えて思索している。それは、ヘルメス的プラトン的哲学をパウロ的アウグスティヌス的予定説の鍵として、その世紀に反して、呼びかけていた。そしてその際、過去の哲学と詩の途方もない豊かさを明らかにした。しかしそれは、このことを即物的に、14世紀の整理主義に対する仮借のない批判として行ったのである。

ふりかえって

思考の歴史における『24人の哲学者の書』の役割を、ここでもう一度、ふりかえってみたい。その書は、閉じられた宇宙から開かれた世界に移行するに際して、顕著な機能を発揮した。このことは、ディートリッヒ・マーンケとアレクサンデル・コイレが示した。彼らはそのことによって格言IIに注意を向けたが、それは確かに内容的には正しかったが、結果として短所を伴った。全体としてのテキストとその哲学的意義は、もう一度ふりかえって注意する必要があった。それゆえ、私は24の格言を説明し、際立たせた。すなわち、その形而上学的言明（特に、VI, X, XI）、特に無限の一性の本性（特に、III, VII, IX, XI, XIII,

---

8) Thomas Bradwardine, De causa Dei I 1 39, S. 325.

IV 単に定義IIだけではなく，トマス・ブラッドワーダイン

XV）に寄せてと，その「創造」の本性（特に，XIV）に寄せて，および影響力豊かな三位一体的哲学の命題（特に，I, IV, XII）と，言語と認識の反省（特に，XVI, XVII, XXIII）に焦点を合わせた。

私は，この本を総体的に，その統一的な構想とともに注目されるようにしたかった。そして受容と研究史における一面性を多少なりとも訂正したかったのである。

命題VIの不完全なスピノザ主義，存在と非存在を超える神的一性の存在（特に，命題X, XI），生動性の一貫した主題，および「知ある無知」の言語哲学的にして認識哲学的準備（XVI, XVII, XXIII）——これらはすべて注目に値するが，しかし従来，定義IIの学問史的豊穣性については，等閑視されてきた。定義IIは宇宙論にとって影響力が極めて大きかったので，その基礎哲学的ないしは形而上学的言明とその思想史的な総体的意味は，ほとんど研究されてこなかった。しかし私はここで，表面のない球の強力な像へ，したがって第二の定義に戻って，そのためにもう一度，エックハルトにおける端緒を検討したい。

われわれに伝わっているエックハルトのいわゆる最古のテキストは，彼のパリにおける復活祭説教である。それは例外的に日付確定がなされており，すなわち1294年に遡るのである。エックハルトはそれに関して，学問的な公開の場で説教を行ったのである。そして彼は，それを特徴的な仕方で行った。冒頭すぐに，テキストの第一段落において，彼は二つの引用をもって始める。一つはキケロからで，ついでわれわれの格言IIからである。古代と同じく，説教のためには，固有の始まりが必要であった。それは

そのことによって不審の念を起こさせないためであった。エックハルトが付け加えたのは,キケロはすべての修辞学の教師のなかでも,アウグスティヌスが最も推挙する教師であったからである[9]。キケロが指摘して言うには,期待されえないこと,信じがたいこと,通常でないことは,聞く者を最も魅惑するものであり,このことは,聖体拝領を共に行うという復活祭の要求を満たしている。というのは,ここでは神は,すなわちその中心は至るところにあるが,その表面はどこにもない,捉えることのできない「可知的球」は,われわれに対して,パンの形で食事として呈示されているからである。

これは独創的な新しい始まりであった。エックハルトは,ミサと聖体拝領をこのように描写している。すなわち,それらは,キケロの修辞学的規則を満たすことであり,それは,無限の一性が一片のパンにおいて,驚きの規則にのっとって,把握しえない仕方で現存するためである。24人の哲学者の格言Ⅱは言語の結合可能性や修辞学的な策略を解き放つが,エックハルトの場合それが際立つ。その際,彼は次のことにわずらわされることがない。すなわち,彼によって引用された命題が帰結するのは,祭壇の上の一片のパンと同じく,神は分割されえないのであり,したがってまた,宇宙のすべての他の点において全体的にあるのである。第二の定義はサクラメントではないのか。そして教会の全救済手段は余計なものになってしまう

---

9) Meister Eckhart, Sermo paschalis a. 1294 Parisius habitus n. 1 LW V, S. 136-137.

IV 単に定義 II だけではなく，トマス・ブラッドワーダイン

のではないか。内容的に見れば，このことは疑いない。しかしエックハルトは，説教壇上での雄弁性について，キケロから獲得された規則を引いている。それは彼にとってあまり関心のある話題ではなかった。矛盾することが妥当するので，思考の歴史にとって結合できないように見えるものは，現実の思考の歴史においては，純粋に論理的な法則によって規定されているのではない。矛盾もまた，歴史的現象なのだ。それは，矛盾発見の関心を引き起こすに違いない。またそれは，思考の規則をなおざりにし，例外の制約を考えなくてはならない結合されえないものを受容されるようにするために。若きエックハルトは，そのことから，パリにおいてキケロに支持されて，まさに修辞学的騒動とも言うべきものを引き起こしていたのである。命題 II によって，彼は神的一性を把握できない高みにまで引き上げた。宇宙球や惑星天球については，話題になっていない。彼は，無限の神の物体的現存の把握しえないことを，修辞学的効果として喧伝した。エックハルトの場合，それに止まらない。彼はこのように始めた。信仰の世界を一撃で破壊することのできる稲妻はさしあたって，修辞学から避雷針を得るのである。ブラッドワーダインは，『24人の哲学者の書』によって，キリスト教の全信仰論を公理的に証明した。そしてそれを新たに秩序づけ，そのために彼は，規則 V を引っ張ってきた。それは同様にして，宇宙論とは何も関係のないものであるが，すべての人にとって明らかな内容を，より善きものは考えられないかという問いにふす動的な内容を含んでいた。一方でエックハルトは，格言 II からとげを引き抜くのであるが，それは，彼

129

が格言Ⅱを最初は修辞学の材料として,後には刺激として受け取り,一致経験,すなわち,最も大きなものが最も小さなものにおいて見出される経験を堅持するのに対して,ブラッドワーダインは,その第二の格言を,無限で空虚な神的空間についての彼の教説によって,宇宙論の特別な領域に押し込めた。その神的空間は,事実的な所与の世界空間を,無限に超えるものであった。神は,「無限の想像力の場」では,それ自身のうちに,アリストテレス的プトレマイオス的な世界の器を含んでいるが,しかしそれらを極めて超えているので,1世紀にわたる過程のうちで,そのような世界の器はまったく必要ないと考えられるようになった。無限の神の球は,ただ単に,サクラメントにおける神の現存についての教会の自己理解を脅かしたばかりではなく,地球と丸い惑星天球の伝統的な宇宙論をも脅かしたのである。しかしいつもまた,テーゼⅡの破壊的効果を消去する知性の技術も存在した。微妙な差異によって,神の無限性は,世界原因者として解釈される。そしてそれに対立して,ないしはそれの外部では,有限の世界が存立するというわけである。このような因果的な解釈は,地上の実体を自立性と解釈するが,それは命題Ⅵが実体に対して否認してきたものである。

　ブラッドワーダインは,エックハルトの20年後に死んだ。この二人の作品は,24人の哲学者の本によって生きたものとなった。二人は,キリスト教的思考の一つの形態を発展させるために,その統率力を引き継いでいった。それは通常のスコラ学的思考よりも,よりいっそう関連しあったものであったろう。ブラッドワーダインは,ペトル

Ⅳ　単に定義Ⅱだけではなく，トマス・ブラッドワーダイン

ス・ロンバルドゥスとそれに従う多くの人々を攻撃するのに怯まなかった。二人は，通常のスコラ学を批判するが，その際，ブラッドワーダインはエックハルトよりも，形式的な証明技術にはるかに大きな関心を示している。ブラッドワーダインは，「巨大な大冊」を実際に書いた。それに対して，エックハルトはそのようなものを告示するのみで，実際には決して実現しなかった。ブラッドワーダインは，ドゥンス・スコトゥスを引用するが，エックハルトはまだそういうことをしていない。そのことによって，状況は，ブラッドワーダインにとってより複雑なものとなった。彼は，エックハルトが無視していた微細な点にまで立ち入らなければならなかった。彼は，哲学と神学と自然学のために完成した新しい全体構想を提案した。それは，新しい世紀のための論理的な，ほとんど数学的に構築された大全であった。エックハルトは慎重に選択しながら前進した。というのは，彼は多くの教材を手元に集めていたからである。それに対してブラッドワーダインは個々の点では，24人の第5規則にしたがって，教材には僅かに訂正しただけだった。二人ともキリスト教的自己理解の全存立を新しくした。二人は妥協を嫌った。二人とも改革されたキリスト教を，『24人の哲学者の書』がなければ，現実のものとすることができなかったであろう。二人ともその書を独創的で自由に使ったのである。

V
さまざまな論争的解釈。研究史に寄せて

　『24人の哲学者の書』の解釈は，1886年より始まる。私は変化に満ちた研究史を，選ばれた光景において，手短に紹介したい。その際，遺漏なきことは，私の意図ではない。

1　ハインリッヒ・デニフレ

　われわれのテキストに学問的に従事したのは，ハインリッヒ・デニフレ（1844-1905）によって始まる。南チロル出身のドミニコ会士は，ドイツではその最高の学識ある，しかしルターに対する粗野な駁論で知られている。それほどではないが，彼の今日まで不可欠とされる手稿研究によっても，知られていた。彼はそれを1883年以来，バチカン図書館で行ってきたのであった。彼はエアフルトで，後にはまたクェスでエックハルトのラテン語著作を発見し，1886年に編纂した。彼は，ドイツ文学研究者やプロテスタントの神学者たちを徹底して適切な駁論に付した。彼らは，大抵は中世の哲学と神学について真の知識もなく，エックハルトのドイツ語著作だけで彼の神学の

133

体系を構築していたからである。彼が確認したのは,「スコラ学を知らないすべての人は, エックハルトを誤解するに違いない」ということだった。デニフレが認識したのは,『24人の哲学者の書』は, おそらく彼が思うところのエックハルトによって, 最初に高く評価されたということである。そして彼は, 24のテーゼを悪筆でもってなるエアフルトの手稿本によって刊行した。それは, 古注のない草稿であった[1]。デニフレはより正確には, テキストと直接に従事しなかった。彼のそれについての軽蔑的な判断を引用しておく。「何も語らない断片」と。彼は自分が引用しているエックハルトのテキストのなかの, この書の現存には全然気がついていなかった。新トマス主義者デニフレにとってそれは, 信と知, 自然と超自然を区別しない混乱したテキストだった。それでエックハルトには正にうってつけだった。デニフレはエックハルトを「灰色の概念の混乱」,「ぼんやりした不明瞭さ」と非難していたからである。そういうわけで勿論, エックハルトは異端となるわけだ。デニフレは, ヨハネス22世の断罪を正当として, むしろまだあまりにも軽すぎると見た。

2 クレメンス・バオイムカー

クレメンス・バオイムカー (1853-1924) は, デニフレの示した検閲的態度とは, むしろ疎遠なタイプだった。バオイムカーは, 中世の多様な哲学的潮流に通じていた。彼

---

1) Heinrich Denifle, Meister Eckharts lateinische Schriften, S. 427-428.

Ⅴ　さまざまな論争的解釈。研究史に寄せて

は，アリストテレス学派の人々の他に，プラトン的新プラトン主義的思考様態の後世への影響史を調べ，新しい手稿を発見した。彼が示すことができたのは，われわれのテキストは 13 世紀の中程以来，知られるようになったのであり，トマスもそれを引用していたのであるということである。さらにまた，そのテーゼによる形態は，12 世紀のテキストと著しい類似性を示しているということである。具体的にはそれは，アラーヌス・アブ・インスリスの『神学的格率』，クザーヌスの『信仰の技』，『知性実体について』の著作，さらにまた『原因論』，そのギリシア語の元本であるプロクロスの『神学綱要』などである。バオイムカーはしかしわれわれのテキストに，ギリシアないしアラビア由来を帰すことを欲しなかったようだ。彼は，それをもっと広い枠内で，新ピタゴラス的新プラトン主義的主題の影響史のうちで見ていた。彼の見解によれば，このテキストは，ボエティウス，アスクレピオス，マクロビウス，ディオニシウスをよりどころとしている可能性がある。彼はなおも注意する。このテキストは，エックハルト，クザーヌス，ブラッドワーダインといった「類似の精神」に影響を与えたが，トマスによって拒絶され，しかもその三位一体の哲学理論の「決然とした放棄」によって拒絶されたのだ。バオイムカーは，このテキストを古注のついたよりよい手稿によって編纂した。この古注について彼が確認したのは，この古注は，比較的古い手稿では，24 の定義と結合しているが，比較的新しい手稿は 24 の提起に限定されることである。そのことによって，非常に多くのものがデニフレに対抗して獲得されたが，しかしバオイムカーも

また、テキストについては、内容的に何も新しいことを獲得することはできなかった。彼はその「不自然な文体」を嘆き、次のような注意書きを付け加えた。このテキストは「興味深い歴史的文書」だが、「その像とわざとらしい比喩をともなった遊び」のために、「われわれには哲学的にはもはや語るべき多く」[2]を持っていないと。

3　ディートリッヒ・マーンケ

両大戦の間の年月に、『24人の哲学者の書』を新しく評価するという機運が起こってきた。バオイムカーは確かに調子を落としてであるが、彼をより包括的な仕方で研究状況に組み入れると自覚していた一方、内容的に僅かしか評価しないという点では、粗野なデニフレと一致していた。ディートリッヒ・マーンケ（1884-1939）は、彼の研究書『無限の球とすべてが中心点』によって、新しい像をもたらした。マーンケの意図は、無限の球に関するパスカルの命題についてのフランス語の諸研究に対して、まずはライプニッツに定位したこのドイツの誇りを脇へ取り除くということだった。しかし彼の研究は過去のほうへ広がった。彼が発見したのは、エックハルトは『24人の哲学者の書』を通して、クザーヌスとフィチーノを経由して、全ヨーロッパの哲学、宇宙論、数学的神秘主義を規定しているということだった。正確に言えば、マーンケが追求した

---

2) Baeumker, Das pseudohermetische ≪ Buch der vierundzwanzig Philosophen ≫, S. 194-214.

V さまざまな論争的解釈。研究史に寄せて

のは，第二の定義だった。それを彼は，新ピタゴラス的，新プラトン主義的原本に遡って研究した。マーンケは，数学者でライプニッツ研究者であったが，われわれの書が歴史の要，あるいは彼の言ったように「数学的神秘主義」の要であることを発見した。彼の説明では，彼の研究は「国民的な自己沈潜」に役立つのである。しかしそれが示すのは，どのようにドイツの神秘主義者たちは，「外的には，ギリシア的かつキリスト教的新プラトン主義を受け入れた精神遺産によって，内的には，固有の心情生活によって形成されてきた」かということである。『24人の哲学者の書』は，もしそれがエックハルトからベーメを経て，ライプニッツとノヴァーリスに至るドイツの思索者たちをそれらの「典型的なドイツの個人主義によって」，鼓舞してきたかを考えるならば，軽蔑には値しない。勿論，疎遠な遺産は「外的に」にのみ働いたにすぎないかも知れない。ドイツ人の「固有の心情生活」をもって初めてこの伝統における本質的部分を形成したのである。

もし1920年以降に，『24人の哲学者の書』を新しく評価する機運が，どのようにして到来したかを問うならば，マーンケの場合には，そのことに関する二つの主題が明らかになる。すなわち，第一に，第二の定義は，近世の宇宙論の成立に関して，証明可能な影響を及ぼしたのである。この主題は，第二次大戦後，学問史が専門の古典学者，アレキサンデル・コイレの『閉じられた世界から無限の宇宙へ』によっていっそう強められた。コイレは，マーンケのドイツひいきの諸前提の歴史的連関を解消してしまう。第二に，第二の定義からは，数学的神秘主義的伝統が構築

137

されるが，それは宇宙論的には実り豊かなものであったが，無限の球に関するフランスの思弁に対しては大仰すぎるとして脇へ追いやられるのであった。マーンケは，国粋的な主題をしばしば語った。同じく，彼がフィヒテ，シェリング，ノヴァーリスにおける球の像の出現を，世俗化の産物であると非難したとき，彼のプロテスタント的世界把握は明瞭になった。ドイツのロマン派的思索者たちが，像を人間中心化していたのだろう。その上，自然主義化していたのである。一人フランツ・フォン・バーダーにおいてのみ，その「神学的深さ」を保持していたのである。したがって中世へと，神秘主義へと帰らなければならないというわけである。

4 新しい主題。ヴェルナー・バイアーヴァルテス

『24人の哲学者の書』を新しく評価するための新しい主題が，他の著者たちの間で目立ってきている。新トマス的に中世を構想するという運動が次第に後退するにつれて，それにかわって中世の神学，とりわけ神学の公理的叙述のための12世紀に起こった端緒に光りが当てられるようになった。それによれば，われわれの本はもはやそんなに的外れなものとは，思われなくなった。バオイムカーはこの間の事情を見ていたが，彼の評価の基礎としなかった。12世紀の神学の新しい研究，とりわけギルベルトゥス・ポレターヌスとアラーヌス・アブ・インスリスの研究が新しい道を開いた。それには，M.D. シュニュが第二次大戦後，声望を集めた。

V　さまざまな論争的解釈。研究史に寄せて

　おそらく評価の移り変わりには，20年代と30年代における一般的文化の変化がともに働いていた。それはまた，学問と哲学におけるさまざまな構想とも関連していた。デニフレとバオイムカーは，テキストが彼らにとって必ずしも厳密に保たれていないことを自覚していた。実際，そのテキストは当代の他のテキストよりも，いっそう一般的になっている術語を避けていた。そのテキストは回り道をし，虚飾を避け，比喩を好んだ。手短に言えば，それはあまりにも非組織的であり，詩的でさえあった。「厳密な学」の構想は第一次大戦後，危機に陥っていた。そしてそのことは，24人の哲学者にとってプラスに働いた。おそらくペルソナ概念や三という数字には拘泥しない開けた言葉で三位一体について語る神学者も存在していただろう。そうすれば，彼らは「三つの形をした存在性」を再び見出すことができ，悪評を被らないですむと判断することができるだろう。

　1985年に，ヴェルナー・バイアーヴァルテスは『著者事典』のなかで，研究状況について冷静な展望を語った。彼は，いまだデニフレの影響下にあった誹謗を，「とりわけまずい仕事」あるいは「ごった煮」[3]として退けた。彼が示したのは，手短に言えば，一性の思考，すなわち再帰する三性の思考としての構想の統一性であった。彼はその構想を汎神論であるとの非難に対して，弁護した。すなわち神性は，すべてのもののうちにあり，しかもすべてを超えてあるのであり，それは至るところにあり，しかもど

---

3)　Baumgartner, Die Philsophie des Alanus ab Insulis, S. 118.

こにもないのである[4]。バイアーヴァルテスが強調するには、このような神概念の根本特徴は、プロティノスとプロクロスから正確に証明されるのである。さらにその媒介者としては、「アスクレピオス」、アウグスティヌス、マクロビウス、ボエティウス、ディオニシウス、エリウゲナが働いた。影響史もまた、このテキストが重要なものであることを示している。さしあたって、二つの最初の定義が前景に立つ。エックハルトは、包括的ではあるが、区別する仕方で、このテキストを使用していたのであり、そのことによって、すでにヴァカーツァプが示しえたように、すでに早くからクザーヌスに影響を及ぼした[5]。クザーヌスにとっては、特に命題 II（無限の球）と XIV（無と対立する神）が実り豊かなものであった。

　バイアーヴァルテスは詳細なそれでいて好意的な全体像を、新プラトン主義的伝統にアクセントをおいて描いた。彼は、この書が書かれたのは、12世紀の末頃とした。そして中世の古注は、より後に付け加えられたもので、考察するには曖昧そのものであるとした。同時代の神学との不和は、彼は顧みなかった。研究は完全で調和のとれた像を獲得したように見えた。

---

4) Plotin III 9, 4; Dionysius Arepagita, De divinis nominibus II 11; V 10, 参照。

5) Wakerzapp, Der Einfluss Meister Eckharts auf die ersten philosophischen Schriften des Nikolaus von Kues, S. 140-144, 参照。

Ⅴ　さまざまな論争的解釈。研究史に寄せて

5　フランスワーズ・ユルディ

　今や実際に大変な騒動が始まった。というのは，フランソワーズ・ユルディの二冊の本が出版されたからである。それはすべての従来の業績を，その学識と独創性のゆえに凌ぐものであったからである。彼女の三冊の本[6]は，『24人の哲学者の書』の解釈にとって，新しい状況を作り出した。それはここで可能と思われるよりも，よりいっそう根本的に論議されるに値するものであった。私は，確定した結果だけを総括してみたい。

　バオイムカーに知られていたよりも，多くの手稿が存在していた。ユルディが使うことができたのは，26の手稿にのぼる[7]。そのうちの一つは，私がマインツ市立図書館において最初に発見したものだった。その上，10のさらなる見失われた手稿があったことが確証されている。テキストはこうして13世紀の末以来，広く広まっていったのだ。ラオン市立図書館の412番の最も古い手稿は，13世紀の初めに由来する。それは24の定義と注釈を含んでいる。

　単純に表現すれば，手稿の伝承には，全部で三つのタイプが存在することになる。第一に，24のテーゼと注釈Ⅰとの結合である。第二に，24のテーゼと膨大なより後の注釈Ⅱである。この注釈は14世紀に成立したものであろ

---

[6]　Francoise Hurdy, Le Livre des XXIV Philosophes, Grenoble 1989, 詳細は, 書誌情報, 参照。

[7]　Hurdy, Liber viginti quattuor philsophorum, S. L Nr. 156.

う。そして第三に，注釈のない 24 の提案のみをもたらしたより新しい伝承である。このような伝承の存立がほとんどより確かなこととするのは，比較的短い注釈は，定義と同時に成立し，おそらく同一の著者に由来するということである，ほとんどありそうもなかったのは，まずテーゼのみが存在し，注釈はより後になって付け加えられたということである。そのことには，いかなる証明も存在せず，ただ蓋然性があるのみである。

ユルディは二つの出版において，多数の古代と中世の典拠を参照した。その上，第二の資料欄においては，中世の影響史を載せた。彼女が示したのは，手稿はわれわれのテキストをさまざまに呼んでいることだった。それらの手稿は，著者として，時としてヘルメス・トリスメギストゥス，時としてエンペドクレスないしプロクロス，またカルキディウスないしアラーヌス・アブ・インスリスを挙げていた。『24 人の哲学者の書』という表記は，エックハルトの『創世記註解』[8]において最初に登場する。

われわれのテキストの二つのパリの手稿は，そのテキストについての荒れ狂う批判の跡を示している。それはパリ国立図書館の手稿 lat. 6286 と lat. 15888 である。そのことによって問われるのは，14 世紀の手稿の所有者は，どのような知的な動機によって 24 人の哲学者をそんなに粗野に批判しえたのかということである。そのことについては後述したい。

ユルディは，1997 年と 2009 年における貴重な認識を，

---

8) n. 155 LW I, S. 305, 2-7.

V さまざまな論争的解釈。研究史に寄せて

それぞれテキストの貴重な成立に関する仮定と結びつけた。その仮定は，独創的で複雑なものであり，そのすべての読者にとって信用するに足るものではなかった。1997年に彼女が仮定したのは，テキストはアリストテレスの失われた著作，すなわち彼の初期著作『哲学について』の第3部に遡るということである。その著作は部分的には，アラビアの著作者に知られていたものだった。したがってこのテキストは古代起源のものだったことになる。2009年に彼女はそのテキストのうちに，ラテン語の修辞学者マリウス・ヴィクトリヌスの失われた著作を見出した。彼は古代哲学の要素を使って，アリウスに抗して，正当的な三位一体論を擁護したのだった。

『24人の哲学者の書』が古代の多くの原本を有していたこと，しかしそれらのどれ一つとして引用していないことは，バオイムカー以来，すべての研究者が見てきた。この意味において，ユルディの仮定は正しく成り立っている。しかしこの本全体が，古代に由来することは，証明されたと見なすことはできない。しかもそのことは，単純化して表現するならば，二つの理由よりなる。著者は古代のやり方にならって，さまざまな定式を口にするのだが，それらの定式は確かに，13世紀の神学の言葉で保有されてきたものではないのであって，キリスト教的三位一体論のよりいっそう自由な哲学的構想を含んでいるのである。著者はキリスト者であったと，人はその結果，仮定するに違いない。このことは，マリウス・ヴィクトリヌスを代弁しているかも知れない。第二に，この書の行き方は，公理的神学の企てによく似ている。それは12世紀の末頃，しばしば

143

現れたのである。アラーヌス・アブ・インスリス（1203年没）を思い起こすだけで足りるだろう。これらの両方の議論は，1200年頃よりも古い草稿がまったく存在しないという事実によって強められるだろう。この議論だけでは，決定的ではあり得ないが，主要な議論を強めるだろう。

6　パオロ・ルチェンティーニ

　パオロ・ルチェンティーニの美しい小冊子である『24人の哲学者の書』は，ただ単に定義と古注のイタリア語の翻訳をもたらしたばかりではなく，特に最後の言葉は述べていないが，従来の研究史の或る種の終結を意味していた。多くのことが暗いままである。しかしルチェンティーニは比喩に面して，もはやいかなる不安も感じなかった。彼がジョルジュ・ルイ・ボルジュとともに考えたのは，世界史はたぶん，或る種の比喩の若干の強調とは，いささかも異ならないのではないかということであった。それによって古い貶める検閲は廃れてしまった。次にルチェンティーニが考察したのは，われわれのテキストは細部に至るまで文献学的に正確なものであり，またテキスト全体としても歴史的環境に調和していることだった。彼はまたそのうちに，始終一貫した構想，すなわちキリスト教的な三位一体論の哲学的な転換を認めた。そのことによって彼はクルト・ルーと矛盾することになった。ルーはとにかくこの書の第一の神の定義について，「非キリスト教的なテキスト」と言っていたからである。そしてこのテキストを，アラーヌス・アブ・インスリス，ついでアルベルトゥ

V　さまざまな論争的解釈。研究史に寄せて

ス・マグヌスとトマスはキリスト教的に解釈してきたのだと言う[9]。こうして直ちに,第一のテーゼは,アウグスティヌス『三位一体論』第9巻から,「精神,知,愛」の哲学的三一性を取り上げることになる。勿論,われわれの書のキリスト教性は,きわめて固有の様態をしている。このことが明らかになるのは,一つには,このテキストの虚構的性格のためであり,ついでとりわけ12世紀の後半に近いということである。当時は,キリスト教神学,特に三位一体論を,ユークリッドの原論を手本として,解釈するいろいろな試みが存在していた。この種の様態の神学には,ボエティウスの著作『デ・ヘブドマディブス』についてのギルベルトゥス・ポレターヌスの注釈,さらには,アラーヌス・アブ・インスリスの『天の法の規則』,そしてニコラウス・フォン・アミエンス『カトリック信仰の技』が見出される。そしてまた常に,シャルトルのティエリーとコンシュのギョームの影響が考えられるべきである。このようにして,ルチェンティーニによると,この書の書かれた年代として,12世紀の中頃から少し後ということになり,ゼノ・カルーザの判断するところでは,12世紀の終わりか,もしくは13世紀の最初の頃ということになろう。

　ルチェンティーニの分析の長所は,ただ単に伝承の個々の術語と主題に関心をもつのみならず,歴史的な総体的把握を試みることにある。彼は,シュニュ,ユルディ,ダルベルニと続く研究の進展を受け入れ,ヘリンクのテキスト

---

9)　Ruh, Geschichte der abandländischen Mystik, Band 3, S.41, 参照。

神とは何か

の刊行を利用した[10]。そのことによって彼は，12世紀の哲学，神学，経済の洗練された像を描くことができた。ルチェンティーニはテキストに対して，史的連関を付与した。彼は12世紀の思索者たちの主題を引き継いでいった。彼は初期のスコラ学には疎遠だった。1210年のアリストテレスの禁令[11]，それと同時に起こった，すべては一であると教えたアマルリックの有罪宣告[12]，1225年の，エリウゲナに対して行われた教皇の破門宣告[13]によって規定されていた世界のなかに，彼は入っていった。アリストテレス，ボエティウスへの，エリウゲナ，『原因論』，そしておそらくまたアヴィケンナへの近さは，ルチェンティーニによれば，確実だった。それにもかかわらず，テキストは謎に包まれたままだった，彼は固有の言葉でキリスト教哲学の一つの特殊性を講義した。これは写本のなかで見うけられた激しい批判を説明する。

7　ペーテル・スロテルディク

ペーテル・スロテルディクは，『24人の哲学者の書』との対決を，文献学的な発見によるのではなく，史的な哲学思索によって，新しい段階に引き上げた。「球」についての彼の3巻本において，彼は球の比喩をさまざまに研究

---

10) Häring, Commentaries by Thierry of Chartres and his School; Magister Alanus de Insulis, S. 97-226.

11) Chartularium Universitatis Parisiensis, Band I, Paris 1899, Nr. 11, S. 70.

12) Chartularium Universitatis Parisiensis, Band I Nr. 12, S. 71.

13) Chartularium Universitatis Parisiensis, Band I Nr. 50, S. 106-107.

V　さまざまな論争的解釈。研究史に寄せて

し，そこから，近世と現代世界の成り立ちを把握しようと試みた。彼の記念碑的作品はそれがここで行われることができるよりも，よりいっそう広範で慎重な議論に値する。しかしスロテルディクの二三の指摘は，いずれにしても，『24人の哲学者の書』を新しい照明のもとに置く。

　スロテルディクが彼の課題として理解していたのは，きわめて小さな二つの泡から世界の，地球の，国の，教会の包括的な球の概念に至るまでの移行の記述である。特に彼の関心を引いたのは，これらの球の破裂である。彼は，『球の特別版』において，不気味でとてつもないものへの引きを認識していたのであるが，他方，その引きはパスカルが語ったようなものである。その洞穴と，一般に球は，避難所と住まいを申し出るのであり，牢獄ではなく，広々とした生活を保護する空間である。スロテルディクは，第二の定義の破裂力について語る。すなわち，その無限主義は，円満な居住性のすべての社会的で想像的な形成物を破壊してしまったのであり，しかしまた，第二次的効果としての近世の宇宙論を可能にしているのである。第二の定義は，巨視的な史的考察において，中世世界の解体を象徴する。それは表面から落ち着きを与える丸天上の性格を奪い取り，またそれは，中心から，その伝統的に支配的な場を奪い取ってしまう。至るところに中心があり，そのすべての点から，テーゼXVIIIが教えるように，無限なものへと通じている。「至るところに中心を置くこと」は，時代とともに，「総体としての超越の確立」を吐き捨ててしまうに違いないだろう。それは，さしあたり，「ほどよく円満になった，カトリック的アリストテレス的コスモ

ス」を爆破してしまう。コペルニクス的転回は,したがって「神学の外部における場」における宇宙論的補完だった。スロテルディクが正当にも固執するのは,二つの最大の球を区別しなければならないことだった。それは表面のない神の球とその器を伴ったコスモスだった。『神曲』の構造が証明しているように,プトレマイオス的な器システムは,上方への明白な上昇の道とさらに結合すべきであった。格言Ⅱのすべてを包括する神の球の内部では,どこが上であり,下であるかをもはや誰も知らないのだ。神を「上」に探すことは,したがって神を捉え損なうことになるのだ。まさにこのことを,エックハルトは語っていたのであり,今や空になった中心の場所は,神の子らが存在するかぎり,多くの変化する世界を産出する細胞によって,取って変わらせる。ヨーロッパの現実では,たとえ長らくいまだ見られなくとも,原則的には,そのことによって「カトリックの支配が,その聖歌隊,その階層,その記憶を絶するような中心主義的な慣習を伴って,駄目になった」。テーゼⅡが格言Ⅴが要求するような神的な世界根底に,それを超えてより大きなものが考えることができないような大きさを与えることによって,テーゼⅡは,古い形而上学を終結し,その破壊のうちに根底を置くのだ。それは,そのようにして無限にまで伸長した神との敬虔な自己同一化を脅かすのだ。このように「最後まで考えられた神はもはやいささかも福音主義的性質も所有していない」。そのような神はすべての親しく円満なものを投げ捨ててしまう。「そのような神の思想は,魂の小さな居住権を無にしてしまう。その魂はその安寧を,家庭用礼拝堂,景色,

V　さまざまな論争的解釈。研究史に寄せて

優先権，壮大なもののうちに保っているのだが。」

　『24人の哲学者の書』の理解のために，スロテルディクの歴史的考察は，継続する提案を行っている。そしてそれは，今は，テキストの研究と結びつかなければならない。それが強要するのは，第一に，二つの両立しえない球‐システムの区別であり，第二に，それが向けられているのは，無限主義が強要する分散の過程へ注意を向けることであり，第三に，それが要求するのは，知的，社会的，宗教的な和らげ，婉曲化する技術を探究することである。それらについては，私は上に試みを与えておいた。というのは，社会も個人も根本的に危うくすることを，自分から遠ざける行き方を発展させているからである。第四に，スロテルディクは神の死と神学的な無限主義との間の内的関連を問う。嘲笑的にスロテルディクは続ける。この関連を捉えることは，「すべての神学の収容所における快適な神学の予約者にとっては，困難なことである。そしてそれが困難なほど，それだけ好んで彼らは幻想にしがみつき，現代化による宗教の解体と故郷の解消は，外的な，不正な，図られざる宿命のように，彼らの上に降りかかる。彼らが理解しないのは，神学における現代思潮の過程はそれ自身，その源泉の一つを有していることだ」。そしてそのことに対して，定義IIとXVIIIはその首尾一貫した無限主義によって表現豊かな記録となっている。『24人の哲学者の書』は，「神学の終盤戦」をとり行うのだ。

VI
「中世の神」
―― 一つの文化史的考察 ――

　『24人の哲学者の書』は，その成立の時と場所に関係することで幾つかの謎をいまだにわれわれに課する。しかしそれが1200年から1800年の間に書き写され，読まれ，解釈を変えられ，さらに思索されてきたことは，争う余地がない。それは宇宙論的思弁を促進した。しかしそれは，そのような思弁のために構想されてきたわけではない。その主題は，神とは何かということである。否，世界空間とは何かということである。どのような役割を，その主題は，神の中世的構想の全体において，かつ日常の実践的な形と制度的な安定において，そもそも演じてきたのだろうか。

　その書の二三の可能的な影響が，テキスト分析の経過において示されてきた。すなわち，その書は異教徒の智恵の価値を証明した。またそれは，神学的格言に対して哲学的理性が役に立つことを証明した。それは，神についての積極的主張への，そしてこの何世紀にもわたる宗教的な日常的実践への距離を置いてきた。それは聖書，聖書神学，教会の勤めを，直接的な神の近さのために，遠くへと片付けてしまった。それは仲裁のための裁判を余計なものである

と証明した。すなわち，神は至るところに全体としてあったのだ。それはヒエラルヒーを解消してしまった。とは言っても，すべてのヒエラルヒーではない。というのは，アラビアの哲学の，とりわけアヴィケンナの宇宙論的段階は，第二十の定義への注釈において，いまだ現れているからだ。具体的には，「第一」「動者」，「知性実体」,「天の魂」,「天体」,「地上的事物」などが挙げられよう。しかしこれらの，そしてすべての他のヒエラルヒーは，今や無限の神の球によって抱かれていたのだ。そのうちで神は，すべての点において，直接的に現前していたのだ。

『24人の哲学者の書』はパリの大学の神学の組織を二つの異なる理由から妨げた。すなわち，それは学部間の争いを促進した。架空の異教の哲学者たちは，神学者たちの中心問題，三位一体を乗っ取った。それは広まっていた合意を，すなわち哲学は確かに神の現実存在，その精神性と一性，その全能と永遠性を証明すべきだが，しかしその三一性の知は，信仰と信仰の学に取っておかれるということを妨げるのだ。それが証明するように思えたのは，キリスト教的意識の貴重な特別財産は，一般的で極めて古い人類の所有物だったことだ。

24の格言の考察にあたっては，『24人の哲学者の書』の理論的構想の次のような二面的価値が示された。すなわち，一方でその書は，哲学的理性の知識を広げ，さらに神の三つの形をした存在を知っており，他方で，それは，神は何にで「ない」のかという認識における哲学的神学の唯一の成果を見て取っているのだ。それは否定神学を強奪するのだ。その無限の一性の認識不可能性についてのけわし

VI 「中世の神」

い説明は,パリ大学の伝統によって,かつアウグスティヌスによって破壊された。このアウグスティヌスからは,理性のこのような自己制限にとっては,ただ個別的な引用だけが利用可能だったのだ。

『24人の哲学者の書』はパリで抵抗に出会わなければならなかった。公式的には,その書は決して断罪されなかった。幾多の偉大な神学者たちがそこから個々の格言を引用していた。正当的な異本の内部でさえ,その書は,13世紀にパリで普及していた文体とは異なる文体を代表していた。その言葉は異なるもので,シャルトルの学校やポオイティルスのギルベルトゥスに比較的近いものであった。その書は,哲学についての,理性についての,神についての他の概念を使用していた。それは,哲学的に三位一体を対象にすることによって,或る一定のタイプの神学を脅かした。その否定神学はよりいっそう危険だった。その根本的な形態は――われわれが神について知っているにすぎないこと,神はあり,その他には無しかない――パリの大司教によって215と216のテーゼによって1277年に禁止された[1]。教皇ヨハネス22世がエックハルトを非難したのは,彼がこのような否定の誇張を民衆に対して説教したからだ[2]。このような通告は確かにまたディオニシウス・アレオパギタにおいても読むのだ[3]。しかしパリでは,彼は

---

1) Flasch, Aufklärung im Mittelalter ?, S. 257-258, 参照。
2) Meister Eckhart, Acta Echardiana. Processus contra mag. Echardum, n. 65, LW V, S. 599, 93-94.
3) Dionysius Arepagita, De caelesti hierarchia II 3; De divinis nominibus 7; De mystica theologia I.

神とは何か

痛みつけられることはできなかった。しまいには彼は親密なパウロの学徒として，またパリの第一司教として見なされるようになった。それに対して，エリウゲナとユダヤ人マイモニデスと『24人の哲学者の書』は，嫌疑をかけられる羽目になった。二三の写字生は，根本的な無知の格言 XXIII を無造作にも省略してしまった。ダルベルニはパリの国立図書館の写本を記述した。しかしその中世の所有者は，『24人の哲学者の書』を判読不可能なものにしようとしたのだ[4]。それは異端的ではないにしても，幾多の神学者たちには，疑わしいもののように思えた。それは勿論自己弁護する。すなわち，それは正当的な三位一体論と無からの世界の創造の確信を含んでいる。そしてそれは，一者との合一の要求を含んでおり，自然主義的な倫理学について，ないしは教会の没落についてのすべての議論を避けてきたと。

　『24人の哲学者の書』はそれゆえ，中世において「すべての人」が神について言ったことを言っているのではない。それは多くの声のうちの一つであり，それに対する議論の余地のある声だった。しかしながら，このテキストは，「中世」において神について言うことが可能な，したがってまた実際そうであったことについて何かを言っているのだ。その無限の神は，いかなる教会のヒエラルヒーにも，いかなる大学神学にも属していない。そのような神は民衆の宗教には疎遠である。それはいかなる巡礼やいかなる断食も要求しない。それは支配者によるすべてのインド

---

4) D'Alverny, Un témoin muet, S. 223-248.

VI 「中世の神」

の奪取からも遠ざかる。それは限定することなく，それは無限の広さへと呼ぶ。まさにエックハルトが説教壇の上でドイツ語でそれについて語った。

　われわれのテキストは，宗教改革記念日に寄せて祝辞を述べる人が，そしてまた進歩に熱狂する文化史家が告げたような，中世の神についての幾つかの表象を訂正する。それは，次のような一般的な問いを立てる。どのように人は中世の神について考えたのかと。それは，中世と近世という時代についてのいわゆる確信を破壊することによって，その問いを新しく投げかける。

　リルケの『1907年の新しい詩』のうちに，そのために省察するに値する声がある。

　　中世における神
　　そして彼らは自分のうちにそれをため込んだ
　　そして彼らはそれが存在し，裁くことを欲した
　　そして彼らは，その昇天を妨げるために，
　　終には重りのようにぶら下がった
　　彼らの偉大なカテドラルのそれにおいては重荷と塊がある。
　　回っているべきだった。そしてちょうど時計のように
　　彼らの行為と一日の仕事に記しを与える
　　しかしそれは突然動きだした
　　そして恐ろしい都市の人々は
　　それをそのままにしておき，その声に怯えた
　　人々は外にかけられている時を知らせる仕事とともに
　　先に進み，その文字盤に面して逃げ出した

　この詩は次のように始まる。「そして」で始まる四つの

文は，心に抱かれた中世の日常の神の経験を記述している。この詩はこの時代の敬虔な人々について十分に語っている。彼らは自分のうちに見出す最上のもの——好意と理性，智恵と配慮——を保ち，権威に対する服従からではなく，彼らの神のために自分のうちから外部に出て行く。彼らは何らかの神の像を踏襲したのではない。彼らはその神を自分のうちにため込んだ。それは願い事としてではなく，現実の存在として彼らの最上の財産なのだ。「存在」は限界を含むこと，『24人の哲学者の書』のこのような微妙なことを，彼らは考慮することがなかった。彼らはその上に建てることができるような何かが必要だったのだ。彼らは，存在の永遠の岩を神と名付けた。彼らは何か積極的なもの，何か留まれるものを欲していたのだ。彼らは自分たちを超えており，自分たちの価値秩序を確保し，犯罪者に復習する何かを求めているのだ。彼らは世界の裁きと地獄を持っているような神を必要としたのだ。そのような神に彼らは好んで服従した。というのは，それは確実性を与えたからだ。それは善人から悪人を決定的に切り離したのだ。

　このような神の現前を保証するために，彼らはそれのために偉大なカテドラルを建てた。リルケがこの詩を書いたとき，彼はパリで暮らしていた。ノートルダムが彼の眼前に聳え立っていた。しかし彼はそのうちに，神を重荷と塊によって縛る試みを見たにすぎなかった。それらは神の秩序を，後の何世紀にもわたる巨大な塔時計のように，現在見ることを欲した。神は彼らの日を分割し，彼らの一日の仕事を統制すべきだった。

VI 「中世の神」

　しかしながら，次に法外な出来事が生じる。すなわち，神と日常世界の間の連関が裂けてしまったのだ。否，時計がとまってしまったのだ。時計はもはや時を告げないのだ。否，神が見えなくなってしまったのだ。関係だけが無限なもののうちで失われたのだ。人間たちは，前には日々の歩みにおいて秩序の方へと方向づけられていたのだが，神の声が聞こえてくる場合には，神に対して不安を抱くようになった。麻痺したような古くからの神の恐れによって，人間たちは，彼らに支えを与えてきたものに面して，ぞっとして逃げ出した。

　リルケは，神に面しての逃走と突然の出来事のような人生の指導の喪失を記述している。神がその始末に終えない自然を，神に加えられたすべての縛りから解くことによってその出来事は解き放たれた。リルケはこの恐るべき出来事に日付を入れていない。彼が見ているのは，世界史的進歩としてではなく，歓びの根底としてでもない古くからの捕らえられた神からの解放である。人間たちは，自分で欲した依存性と方向喪失性の間の移行を引き受けなくてはならなかった。彼らはその時から神から遠ざかって生きてきた。彼らは神をその無限性において自らへと招来せしめなくてはならなかった。この出来事はあまりにも宿命に満ちて，厳しいため，リルケはその中世の神を宗教改革によって死に追いやったと仮定するべきではない。その出来事は，伝説的なテーゼの貼り出しよりも，よりいっそう包括的で宿命的なものである。人類は混乱し驚いて，その神の喪失性へと屈服するのだ。

　『24人の哲学者の書』は，リルケの世界史的な素描を先

取していない。しかしそれは証明する。すなわち神を有限なもののうちへと縛りつけることは，もし中世の思索者が，神とは何かと問われたときに，彼らが言わなくてはならなかった，必ずしもすべてのことではなかったということだ。

訳者あとがき

『24人の哲学者の書』は中世の秘密に満ちた哲学的テキストの一つである。この書はいわゆるヘルメス・トリスメギストスに由来すると言われているが、実際は12世紀に成立したものである。「神とは何か」という問いに対して、24人の哲学者たちがそれぞれ答えている。

24の定義(例えば、「神とはその中心がどこにでもあり、表面がどこにもない無限の球である」)は哲学的思弁的思考を、今日に至るまで何世紀にもわたって刺激してきたものである。

訳者はクルト・フラッシュ教授を30年前に、マインツの自宅に訪問したが、今日に至るまでお元気でご活躍の様子に、歓びに耐えない。

訳出は難渋を極めたが、それを何とか乗り越えられたのも、永年の伴侶史江の協力のお陰である。記して感謝したい。

出版にあたっては、知泉書館社長小山光夫氏にご尽力を賜った。衷心よりお礼申し上げる。

なお本書の底本は、以下のとおりである。

Kurt Flasch, Was ist Gott ?, Das Buch der 24 Philsophen, München 2011.

書誌情報

　『24人の哲学者の書』は，クルト・フラッシュが初めて独訳し，詳細な説明を施したものである。底本は以下のとおりである。

Françoise Hurdy, Liber viginti quattuor philosophorum= Hermes Latinus III, 1 im Corpus Christianorum. Continuatio Medievalis CXLIII A, Turnhout 1997.

　この版は，中世において流布していたテキスト形態を再現したものである。これはフラッシュによって，hによって引用されている。

　仏訳は以下のとおりである。

F. Hurdy, Le Livre des XXIV Philosophes, Grenoble 1989.

　ラオンの手稿412によるこの版は，フラッシュによって，Hによって引用されている。

F. Hurdy, Le livre des vingt-quatre philosophes. Résurgence d'un text du Ive siècle, Paris 2009.

　初期のテキスト版は以下のとおりである。

Heinrich Denifle, Meister Eckharts lateinische Schriften und die Grundanschauung seiner Lehre, in; Archiv fur Literatur- und Kirchengeschichte des Mittelalters, 2 (1886), S. 427-429.

　これには，注釈がついていない。

Clemens Baeumker, Das pseudo-hermetische Buch der vierundzwanzig Meister (Liber XXIV philosophorum). Ein Beitrag zur Geschichte des Neupythagoreismus und Neuplatonismus im Mittelalter, in; Studien und Charakteristiken zur Geschichte der Philosophie, insbesondere des Mittelalters, in; Beiträge zur Geshichte der Philosophie des Mittelalter 25/1-2 (1927), S. 194-214.

神とは何か

テキスト

Augustinus, Super Genesim ad litteram, hrsg. von Joseph Zycha, Wien 1913.

Berthold von Moosburg, Expositio super Elementationem theologicam Procli (=Corpus philosophorum Teutonicorum medii aevi Band 6), hrsg.von Loris Sturlese u. a. Hamburg 1984-2003.

Bertoldo di Moosburg, Expositio super elementationem theologicam Procli 184-211, hrsg. von Loris Sturlese, Edizioni di storia e letteratura, Rom 1974.

Chartularium Universitatis Parisiensis I, hrsg. von Heinrich Denifle / Claude Chatelain, Paris 1899.

Cicero, De re publica, hrsg. von Konrat Ziegler, Berlin 1988.

Cicero, Lucullus, hrsg. von Otto Plasberg, Leipzig 1922.

Françoise Hudry, Le Livre des XXIV Philosophes, traduit du Latin, édité et annoté, Grenoble 1989.

Françoise Hudry, Le livre des vingt-quatre philosophes, Résurgence d'un texte du IVe siècle, Paris 2009, 略号 H.

Françoise Hudry (Hg.). Liber viginti quattuor philosophorum, Corpus Christianorum. Continuatio Medievalis 143 A, Turnhout 1997, 略号 h.

Johannes Eriugena, Periphyseon V 881 D, hrsg. von Édouard Jeanneau, Corpus Christianorum. Continuatio Medievalis 165, Band V, Turnhout 2003.

Liber de causis, hrsg. von Adriaan Pattin, in: Tijdschrift voor Philosophie, 1966, XVII (XVIII), Nr.145, S. 175.

Meister Eckhart, Die deutschen und lateinischen Werke. hrsg. im Auftrag der Deuschen Foschungsgemeinschaft. Abt. I: Die deutschen Werke, hrsg. von Josef Quint und Georg Steer, Stuttgart 1936 ff.

Meister Eckhart, Die deutschen und lateinischen Werke, hrsg. im Auftrag der Deutschen Forschungsgemeinschaft. Abt. II: Die lateinischen Werke, hrsg von Josef Koch, Heribert Fischer, Konrad Weiss, Karl Christ, Bruno Decker, Albert Zimmermann, Bernhartd Geyer, Ernst Benz, Erich Seeberg und Loris Sturlese, Stuttgart 1936 ff.

書誌情報

Nikolaus von Kues, Apologia doctae ignorantiae, hrsg. von Raymond Klibansky, Leipzig 1932.

Origenes, De principiis, hrsg. von Herwig Görgemanns / Heinrich Karp, Darmstadt 1976,

Thomas Bradwardine, De causa Dei contra Pelagium, hrsg. von Henricus Savilius, Lodon 1618. Nachdruck: Frankfurt am Main 1964.

文 献

Clemens Baeumker, Das pseudo-hermetische Buch der vierundzwanzig Meister (Liber XXIV philosophorum). Ein Beitrag zur Geschichte des Neupythagoreismus und Neuplatonismus im Mittelalter, in: Beiträge zur Geschichte der Philosophie des Mittelalters 25. 1/2 (1927), S. 194-214.

Michael Baumgartner, Die Philosophie des Alanus ab Insulis, Munster/ Aschendorf 1896.

Werner Beierwaltes, Liber XXIV philosophorum, in: Die deutsche Literatur des Mittelalters. Verfasserlexikon, Band 5, Berlin 1985, Sp. 425-426.

Carsten Colpe/Jens Holzhausen, Das Corpus Hermeticum. Ubersetzung, Darstellung, Kommentierung, 2 Bände, Stuttgart/Bad Cannstadt 1997.

Antoine Côté, L'infinité dans la théologie médiévale (1220-1255), Paris 2002.

Marie-Thérèse d'Alverny, Un témoin muet des luttes doctrinales du XIIIe siècle, in; Archives doctrinales et littérairs du Moyen Age 17 (1949) S. 223-248.

Heinrich Denifle, Meister Eckharts lateinische Schriften und die Grundanschauung seiner Lehre, in: Archiv fur Literatur- und Kirchengeschichte des Mittelalters, Band 2, Berlin 1886, S. 427-428.

Peter Dronke (Hg.), A History of Twelfth-Century Western Philosophy, Cambridge 1988.

Florian Ebeling, Das Geheimnis des Hermes Trismegistos, München

2009.

Susanne Edel, ‹Unendliche Sphäre›, in; HIstorisches Wörterbuch der Philosophie IV (1995), Sp. 1376-1379.

Markus Enders, Der Begriff der Unendlichkeit im abendländischen Denken, Hamburg 2009.

André-Jean Festugière, La Révélation de Hemès Trismegiste, 4 Bände, Paris 1945-1954.

Alexander Fidora/Andreas Niederberger, Vom Einen zum Vielen. Der neue Aufbruch der Metaphysik im 12. Jahrhundert. Eine Auswahl zeitgenössischer Texte des Neuplatonismus, Frankfurt am Main 2002.

Kurt Flasch, Aufklärung im Mittelalter ? Die Verurteilung von 1277, Mainz 1989.

Kurt Flasch, Einleitung zu Berthold von Moosburg, Expositio super elementationem theologicam Procli, CORPUS PHILOSOPHORUM TEUTONICORUM MEDII AEVI, Band VII1, Hamburg 1984, S. XI-XXXVIII.

Kurt Flasch, Meister Eckhart. Philosoph des Christentums, München 2010.

Kurt Flasch, Nikolaus von Kues. Geschichte einer Entwicklung, Frankfurt am Mein 1998.

Nikolaus M. Häring, Commentaries by Thierry of Chartres and his School, Toronto 1971.

Niklaus M. Häring, Magister Alanus de Insulis, Regulae caelestis iuris, in; Archives d'histoire doctrinale et littéraire du Moyen Age 48 (1981), S. 97-226.

Zeno Kaluza, Comme une branche d'amandier en fleurs, in: Paulo Lucentini (Hg.) Hermetism from Late Antiquity to Humanism, Turnhout 2003, 99-126.

Âlexandre Koyré, Von der geschlossen Welt zum unendlichen Universum, Frankfurt am Mein 1969.

Josef Kroll, Die Lehren des Hermes Trismegistos, Münster 1914.

Gordon Leff, Thomas Bradwardine's De causa Dei, in: Journal of

書誌情報

Ecclesiastical History 7 (1956), S. 21-29.

Paolo Lucentini (Hg.), Hermes Latinus, 4 Bände, Turnhout 1994-2006.

Paolo Lucentini, Il liber viginti quattuor philosophorum nei poemi medievali: Il Roman de la Rose, il Granum sinapis, la Divina Commedia, in; Jean Marenbon (Hg.), Poetry and Philosophy in the Middle Ages. Festschrift for Peter Dronke, Leiden/ Köln 2001, S. 131-153.

Paulo Lucentini. Il libro dei vintiquattro filosofi, Mailand 1999.

Dietrich Mahnke, Unendliche Sphäre und Allmittelpunkt, Halle 1937.

Christian Moeus, The Metaphysics of Dante' as Comedy, Oxord 2005.

Claudio Moreschini, Storia dell' Ermetismo cristiano, Brescia 2000.

Kurt Ruh, Geschichte der abendländischen Mystik. Band III: Die Mystik des deutschen Predigerordens und ihre Grundlegung durch die Hochscholastik, München 1996, S. 33-44.

Peter Sloterdijk, Sphären, 3 Bände, Frankfurt am Mein 1998 ff.

Loris Sturlese (Hg.) Studi sulle fonti di Meister Eckhart, Fribourg 2008.

Leo Swency, Divine Infinity in Greek and Medieval Thought, New York 1992.

Wolfgang Wackernagel, Ymagine denudari. Ethique de l' image et métaphysique de l' abstraction chez Maitre Eckhart, Paris 1991.

Heribert Wackerzapp, Der Einfluss Meister Eckharts auf die ersten philosopischen Schriften des Nikolaus von Kues (Baeumkers Beiträge 39,3) Münster 1962.

人名索引

アヴィケンナ　36, 79, 95, 122, 146, 152
アヴェロエス　95, 107, 108, 117, 119, 122
アウグスティヌス　11, 12, 27, 36, 47, 72, 73, 87, 103, 104, 106, 108, 113, 114, 116–18, 120, 122–26, 128, 140, 145, 153
アクィナス, トマス・　21, 95, 97, 107, 109, 117, 124, 135, 145
アスクレピオス　135, 140
アベラール　28, 113
アマルリック　146
アミエス, ニコラウス・フォン・　145
アラーヌス, リールの　28
アリウス　11, 143
アリストテレス　8, 13, 32, 42, 44, 47, 49, 60, 67, 69, 71, 77–79, 95, 100, 102–04, 108, 114, 117, 119, 121, 122, 124, 125, 130, 135, 143, 146, 147
アルガゼル　122
アルハゼン　89
アルベルトゥス　95, 106, 107, 144
アレオパギタ, ディオニシウス・　21, 153
アンセルムス　25, 28, 29, 46, 47, 114, 116, 117
アムモニウス　122
インスリス, アラヌス・アブ・　135, 138, 142, 144, 145
ヴァカーツァプ　140
ヴァラ, ロレンツオ・　43
ヴィクトリヌス, マリウス・　143
ヴィーコ　17
エウストラティウス　124
エックハルト, マイスター・　93
エドゥーアードⅢ　113
エリウゲナ　25, 28, 87, 140, 146, 154
エンペドクレス　142
オッカム　115
オリゲネス　31

カルキディウス　124, 142
カルーザ, ゼノ・　6, 28, 36, 145
キケロ　31, 127, 128, 129
クザーヌス, ニコラウス・

人名索引

12, 27, 30, 32, 33, 61, 87,
95, 102, 103, 105, 120, 135,
136, 140
ギョーム，コンシュの　145
ギルベルトゥス，ポオイティル
　スの　145, 153
コイレ，アレクサンドル・
　30, 121, 126, 137

サラディン　23
シェリング　103, 138
シュニュ，　138
スコトゥス，ドゥンス・
　124, 131
スピノザ　35, 127
スロテルディク，ペーテル・
　146-49

ダルベルニ　145, 154
ダンテ　36, 37
ティエーリ，シャルトルの
　28
デニフレ，ハィンリッヒ・
　93, 133-36, 139
トマス・フォン・ヨルク　93
トリスメギストゥス，ヘルメス・
　19, 94-97, 105, 107, 109,
　110, 111, 142

ノヴァーリス　137, 138

バイアーヴァルテス，ヴェル
　ナー・　138-40
パウロ　115, 123, 126, 154

バオイムカー，クレメンス・
　38, 134-36, 139, 141
パスカル　136, 147
バーダー，フランツ・フォン・
　138
ハーマン　103
パルメニデス　21, 31
ピコ　24
フィチーノ　136
プトレマイオス　31, 37,
　130, 148
フライベルク，ディートリッヒ・
　フォン・　36, 89, 95, 106
ブラッドワーダイン，トマス・
　109, 113-26, 129-31, 135
プラトン　8, 9, 21, 35, 40,
　44, 47, 60, 62, 70, 71, 81,
　87, 89, 105, 110, 121, 124-
　26, 135, 137, 140
ブルノー　30, 32, 103
プロクロス　21, 105-07,
　109, 119, 125, 135, 140, 142
プロティノス　21, 47, 87,
　140
ヘーゲル　103
ペラギウス　113-17, 119,
　120, 122, 123, 125
ベーメ　137
ヘルモゲネス　114
ヘリンク　145
ボエティウス　27, 71, 109,
　114, 116, 117, 121, 122,
　135, 140, 145, 146
ポリピュリオス　47

人名索引

ボルジュ, ジョルジュ・ルイ・ 30, 144
ポレターヌス, ギルベルトゥス・ 138, 145

マイモニデス 95, 154
マーンケ, ディートリッヒ・ 30, 93, 121, 126, 136–38
メリソッス 31
モースブルク, ベルトールト・フォン・ 36, 105
モーセ 123

ユルディ, フランソワーズ・ 28, 121, 141–43, 145
ヨハネス 22 世 134, 153

ライプニッツ 136, 137
リルケ 155–57
ルター 133
ルチェンティーニ, パオロ・ 121, 144–46
レフ, ゴードン・ 115, 116, 118
ロンバルドゥス, ペトルス・ 131

Kurt Flasch
1930年マインツに生まれる。1970年から1995年までボーフム大学教授。
〔主要業績〕Corpus Philosophorum Teutonicorum Medii Aevi の Dietrich Freiberg, Opera Omnia の編集。

中山 善樹（なかやま・よしき）
1950年京都市に生まれる。1976年京都大学哲学科大学院修了。現在、同志社大学名誉教授。
〔主要業績〕「エックハルト，ラテン語著作集」全5巻（翻訳，知泉書館）

〔神とは何か〕 ISBN978-4-86285-284-7
2018年10月20日　第1刷印刷
2018年10月25日　第1刷発行

訳　者　中　山　善　樹
発行者　小　山　光　夫
製　版　ジ　ャ　ッ　ト

発行所　〒113-0033 東京都文京区本郷1-13-2
電話03(3814)6161 振替00120-6-117170
http://www.chisen.co.jp
株式会社 知泉書館

Printed in Japan
印刷・製本／藤原印刷

ニコラウス・クザーヌスとその時代
K. フラッシュ／矢内義顕訳 四六/170p/2500 円

アリストテレス方法論の構想
山本建郎 A5/264p/5000 円

アリストテレスの時空論
松浦和也 菊/246p/5000 円

プロティノスの認識論　一なるものからの分化・展開
岡野利津子 菊/224p/4000 円

アルベルトゥス・マグヌスの人間知性論　知性単一説をめぐって
小林 剛 A5/240p/5000 円

エックハルト　ラテン語著作集　〔全5巻〕
エックハルト／中山善樹訳

- I 　創世記註解／創世記比喩解　A5/536p/8000 円
- II 　出エジプト記註解／知恵の書註解　A5/560p/8000 円
- III 　ヨハネ福音書註解　A5/690p/9500 円
- IV 　全56篇のラテン語説教集　A5/544p/8000 円
- V 　小品集　A5/384p/6000 円

哲学と神学のハルモニア　エックハルト神学が目指したもの
山崎達也 菊/368p/6200 円

ドイツ神秘思想の水脈
岡部雄三 A5/346p/4800 円

中世と近世のあいだ　14世紀におけるスコラ学と神秘思想
上智大学中世思想研究所編 A5/576p/9000 円

境界に立つクザーヌス
八巻和彦・矢内義顕編 A5/436p/7000 円